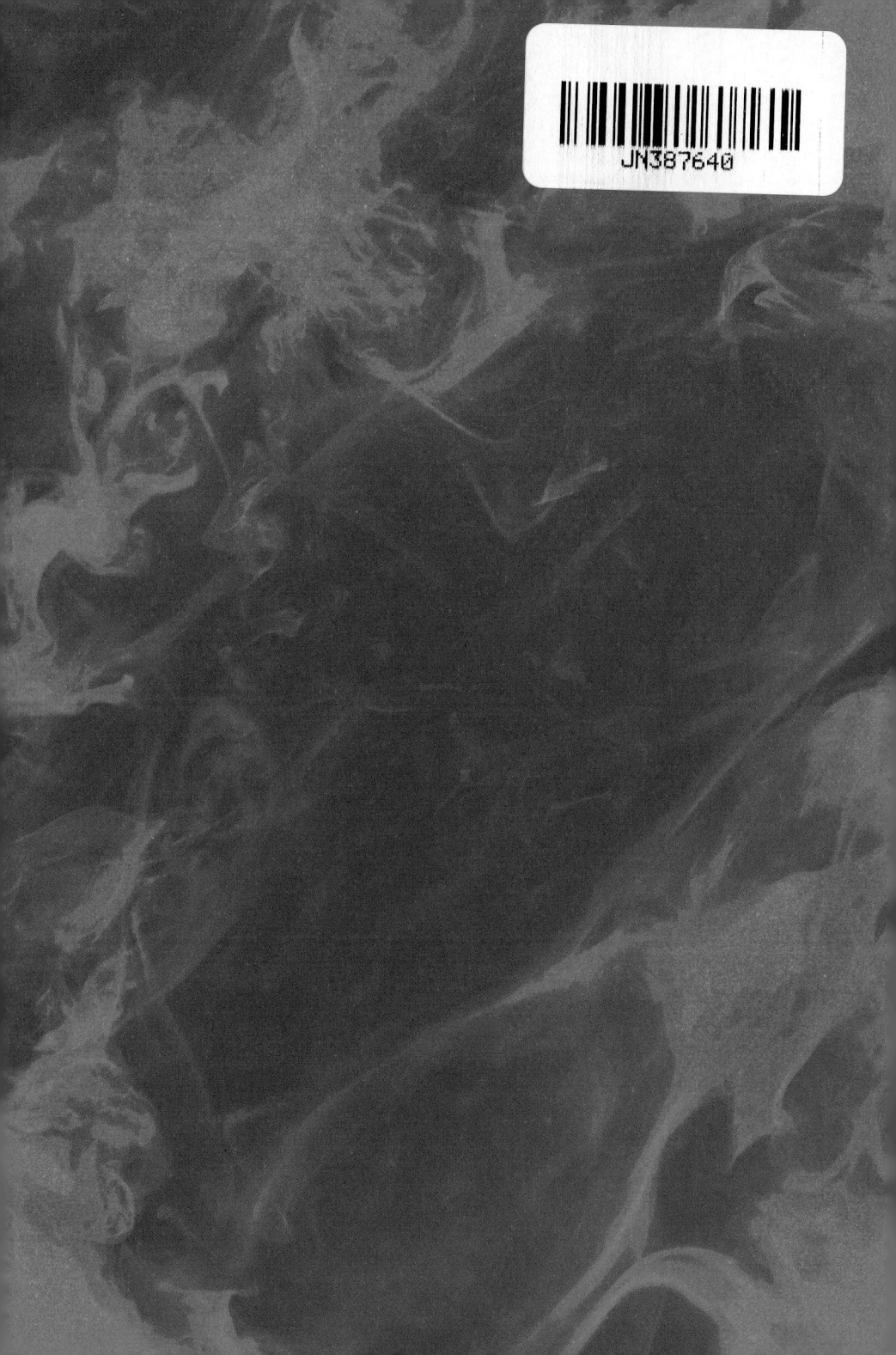

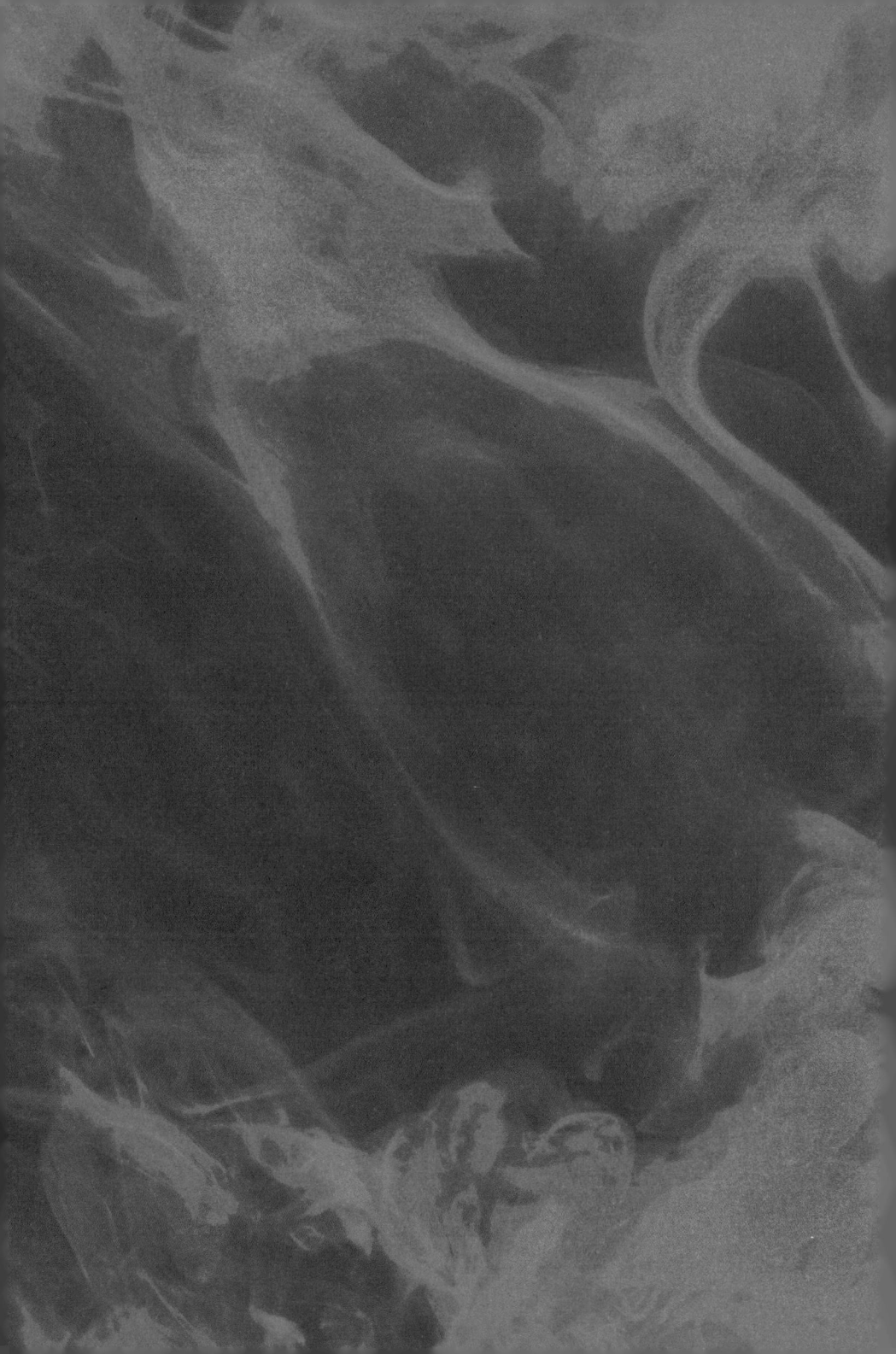

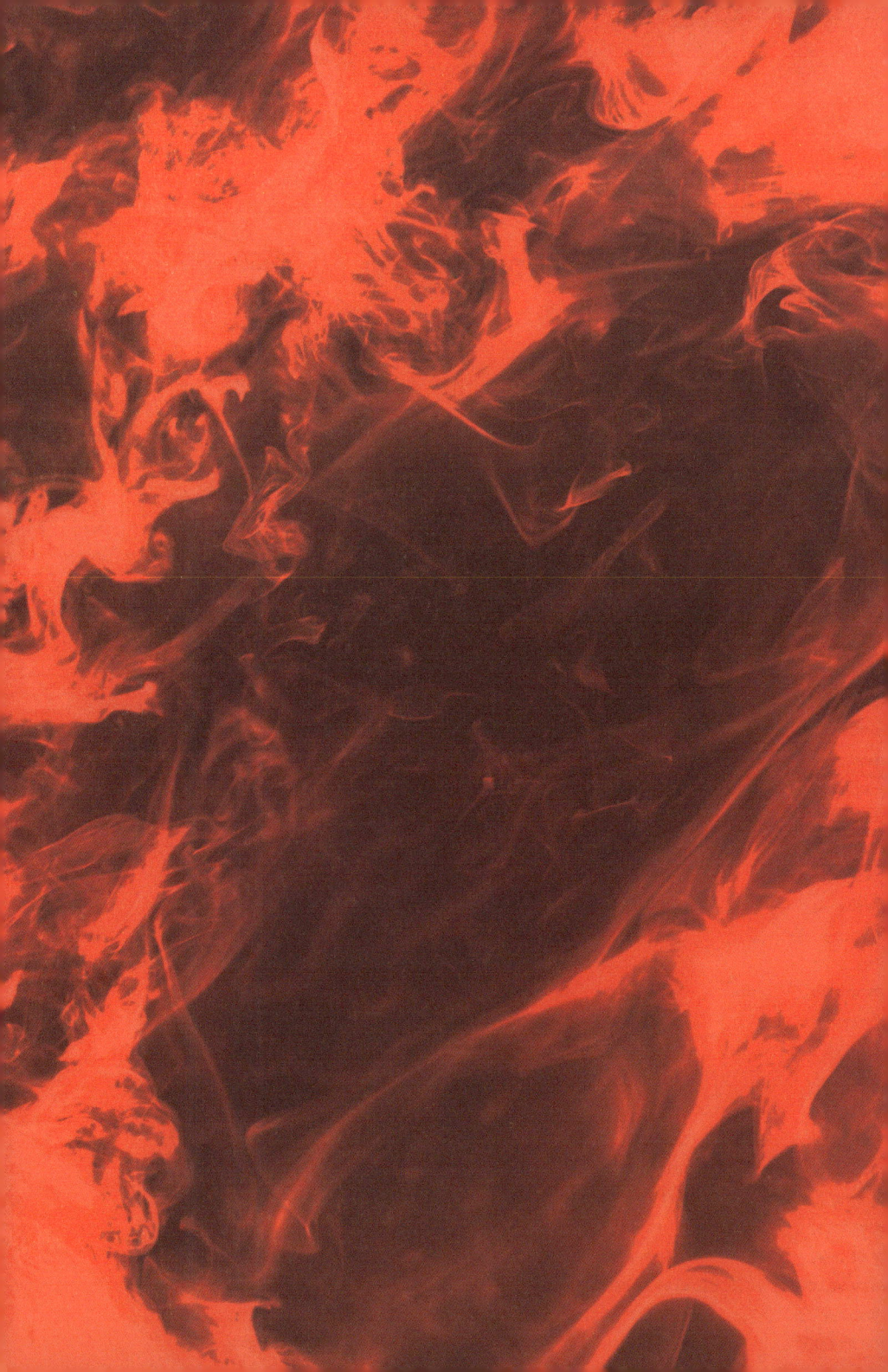

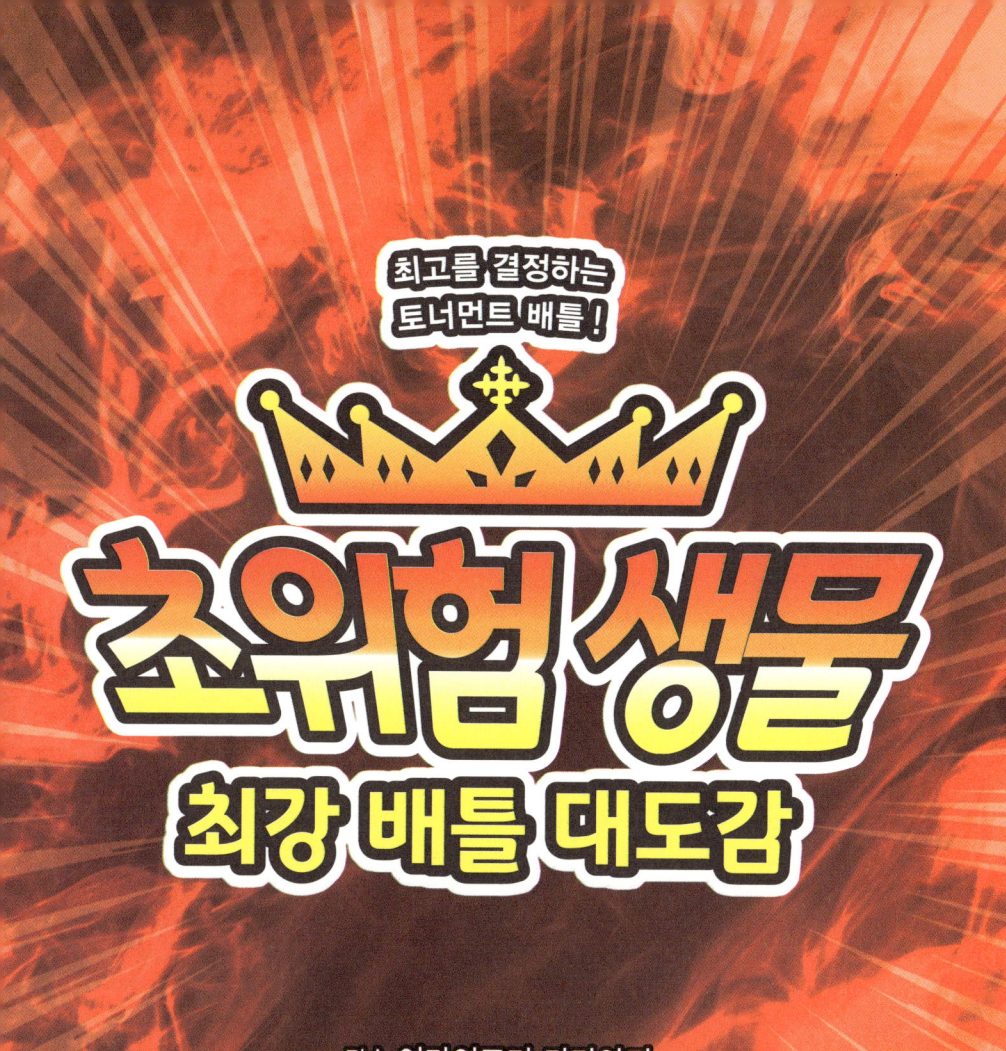

전 세계 위험 생물을 한 자리에 모았다!
육지 생물 VS 해양 생물 등
상상을 초월하는 대결이 지금부터 펼쳐진다!

여러분은 위험 생물이라는 말을 들으면 어떤 생물이 가장 먼저 떠오르나요? 머릿속에 떠오르는 생물은 사람마다 각각 다를 거라고 생각합니다. 육지에서 사는 생물, 바다에서 사는 생물, 하늘을 날아다니는 생물, 서식하는 장소에 따라 떠오르는 생물이 다를 것입니다. 게다가 그중에서도 많은 사람이 덩치가 크고 엄청난 힘을 자랑하는 생물이나 사냥감을 찾으러 다니는 이미지가 짙은 생물을 떠올리는 경우가 많을 것입니다.

하지만 위험 생물이라고 불리는 생물 중에는 위험 생물이라는 이미지와 어울리지 않을 정도로 사랑스러운 모습을 하고 있거나 자그마하거나 아름다운 생물도 존재합니다. 이런 생물은 모두 대형 위험 생물과 대등하게 싸울 수 있을 정도로 강한 개성을 갖고 있습니다.

예를 들면 최근 특히 이름이 알려진 라텔*은 몸집이 작지만 신축성 있는 피부와 독사에게 물려도 중독이 되지 않는 체질로, 동물의 왕으로 유명한 사자에게도 과감하게 달려들 정도로 거칠고 사나워서 '진짜 최강 생물은 라텔인가?'라는 이야기를 듣기도 합니다.

● Ratel - 식육목 족제비과의 포유류. 꿀먹이오소리, 벌꿀오소리라고도 한다

그 밖에도 작은 몸집으로 커다란 생물을 죽일 정도로 많은 독을 내뿜는 생물도 있고 '위험 생물'이라는 카테고리에는 다양한 생물이 존재한다는 것을 알 수 있습니다.

이 책에서는 몸집의 크기는 물론 겉보기에도 그 위험성을 충분히 알만한 동물의 왕으로 군림하는 위험 생물부터 앞서 잠깐 소개했던 것 같은 특징을 지닌 위험 생물까지 랜덤으로 대결하게 함으로써 최강 위험 생물왕을 결정합니다.

무대를 육지, 바다, 하늘로 나누지 않고 모두 합쳐서 어떤 생물이 가장 강한가를 결정하는 치열한 배틀을 열었습니다. 그래서 현실 세계에서는 절대로 볼 수 없는 대결을 감상할 수 있을 것입니다. 이것은 어디까지나 이 책 안에서만 펼쳐지는 가공의 싸움이지만 어디에서도 볼 수 없는 처절한 배틀을 관전하면서, 여기 등장하는 위험 생물들의 성격과 특성을 파악할 수 있으면 참으로 기쁘겠습니다.

이마이즈미 다다아키

이 책에 대해서

　위험 생물 중에는 압도적인 힘과 속도를 갖고 있는 생물도 있지만 높은 지능을 지니고 있는 생물, 특수한 능력을 보유한 생물도 있습니다. 각각의 개성이 서로 부딪치면서 치열한 싸움이 펼쳐질 때 최강 생물의 왕좌에 오르는 영예는 도대체 어떤 생물에게 돌아갈까요?
　지금부터 시작되는 배틀에서는 육지에 사는 생물도 바다에 사는 생물도 하늘에 사는 생물도 다 함께 겨루게 됩니다. 서식하는 장소와 상관없이 위험성이 높다고 알려진 생물들이 격렬하게 싸움을 벌입니다. 현실 세계에서는 사냥조차 하지 않는 생물이나 서로 싸울 일이 없는 생물의 조합도 등장합니다. 이 책은 어디까지나 생물들의 행동과 특징을 바탕으로 시뮬레이션한 것을 소개하는 책입니다.

규칙

① 토너먼트의 조합은 이 책을 펴낸 편집부에서 생물 선수의 체격과 능력, 특징 등을 심사해서 결정했습니다.

② 체격에 커다란 차이가 있는 생물끼리의 대전이라도 어느 한쪽에 불이익을 주는 조건은 없습니다.

③ 배틀의 무대는 생물들이 실제로 살고 있는 곳과는 상관없이 설정됩니다. 하지만 생물 선수의 상황에 따라 육지, 물속 둘 다 배틀 무대가 되기도 합니다.

④ 기상 상태, 기온, 수온 등에 대해서도 배틀에 나서는 생물 양쪽 모두에게 크게 불리한 조건이 되지 않도록 했습니다.

⑤ 전투에서 패배하는 조건은 상처를 입고 전투 불능 상태 또는 사망, 싸울 의사가 없어져서 도망치는 것입니다. 생물 선수 어느 한쪽이 이 조건에 도달할 때까지 시간제한 없이 싸움은 계속됩니다.

⑥ 토너먼트에서 승리한 생물 선수가 상처를 입었거나 지쳤더라도 다음 전투에서는 완전히 기력을 회복한 것으로 합니다.

배틀과 '사냥'의 차이점

육식 동물은 다른 동물을 습격하는 '사냥'을 합니다. 하지만 초식 동물은 다른 동물을 죽게 만드는 일이 비교적 적습니다.

그러나 이번 토너먼트에서는 '사냥'을 하지 않는 동물도 배틀을 할 때는 적극적으로 싸움 상대를 공격할 수 있습니다.

페이지를 보는 방법

소개 페이지

① 몇 번째 배틀인지 보여줍니다.

② 싸우는 생물의 이름과 영어 표기를 보여줍니다.

③ 싸우는 생물의 습성과 주요 능력에 대해 해설합니다.

④ 싸우는 생물을 힘, 공격력, 날렵함, 난폭함, 방어력, 5단계의 기준으로 나타냅니다.

⑤ 싸우는 생물의 분류, 먹이, 사는 곳, 특징, 몸길이, 분포 지역을 보여줍니다.

배틀 장면

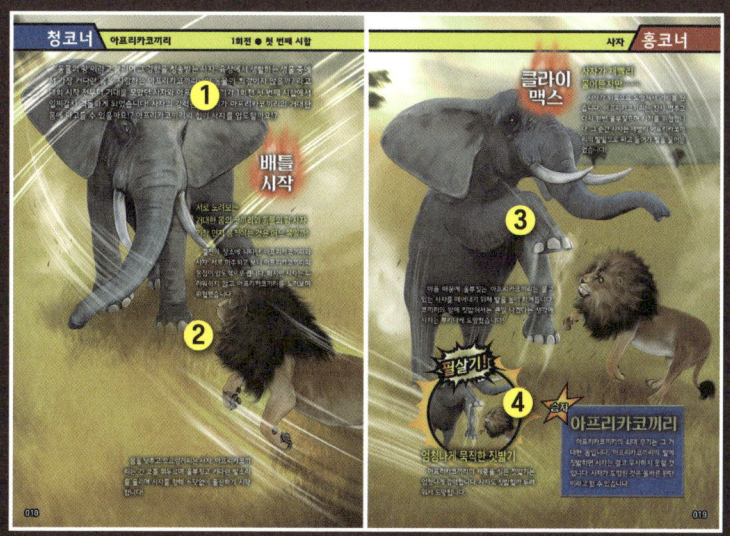

① 배틀이 이루어진 배경에 대해 설명합니다.
② 배틀 장면을 재현한 컴퓨터 그래픽 일러스트(CG)입니다.
③ 승부가 결정되는 순간의 모습을 보여줍니다.
④ 승리한 생물의 성공 요인을 꼽아봅니다.

필살기에 대해서

　필살기는 현실 세계의 생물들이 사냥을 할 때나 먹잇감을 구할 때, 이성을 차지하기 위해 다툴 때 자신의 몸을 지키기 위한 행동이나 능력을 근거로 합니다. 그래서 치명상을 입히지 않고 상대를 물리친 경우에도 그것이 승부를 가르는 결정적인 역할을 했다고 판단될 때 필살기라고 표현합니다.

최강 위험 생물 결정
토너먼트표

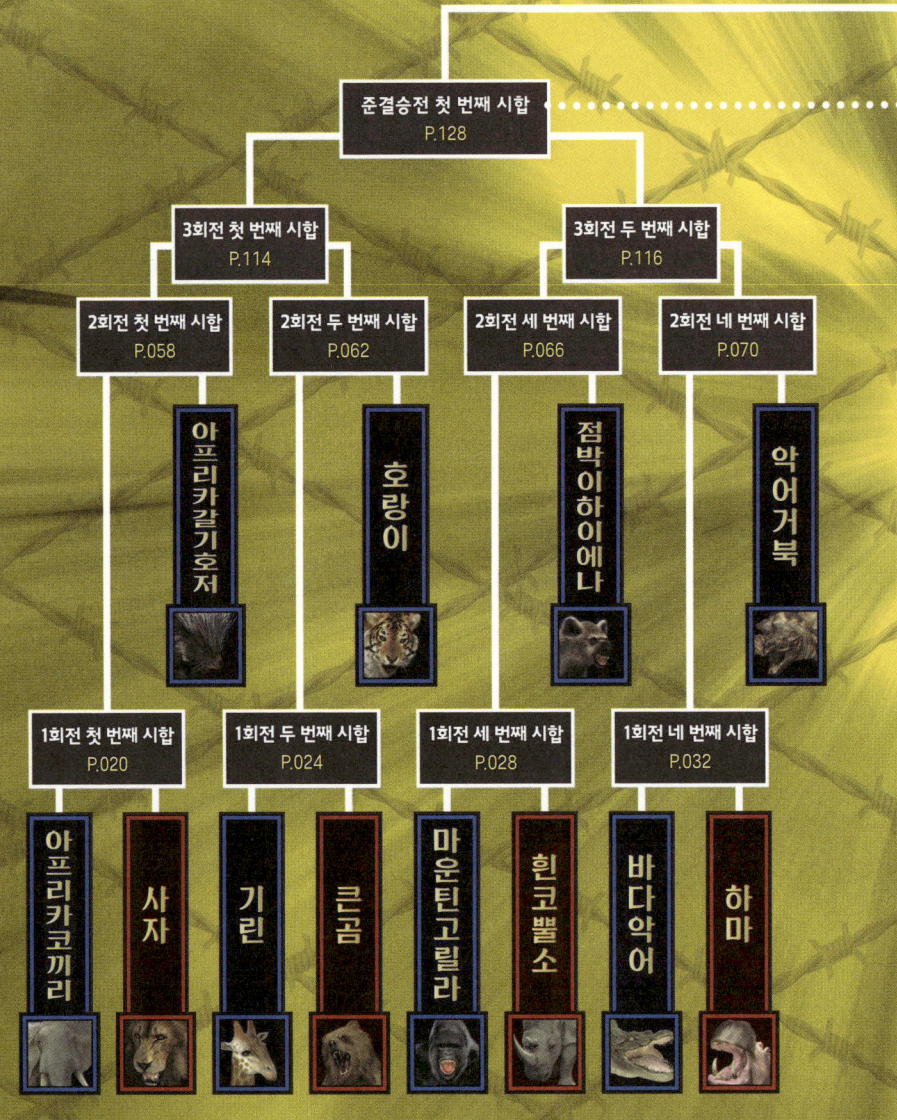

우승

결승전
P.138

3위 결정전
P.132

준결승전 두 번째 시합
P.130

3회전 세 번째 시합
P.118

3회전 네 번째 시합
P.120

2회전 다섯 번째 시합
P.074

2회전 여섯 번째 시합
P.078

2회전 일곱 번째 시합
P.082

2회전 여덟 번째 시합
P.086

- 라텔
- 총알개미
- 백상아리
- 화식조

1회전 다섯 번째 시합
P.036

1회전 여섯 번째 시합
P.040

1회전 일곱 번째 시합
P.044

1회전 여덟 번째 시합
P.048

- 코모도왕도마뱀
- 킹코브라
- 데스스토커
- 왕지네
- 범고래
- 대왕고래
- 검독수리
- 수리부엉이

시범 경기 대진표

청코너 **홍코너**

팀전 ①
아프리카들개 VS 회색늑대

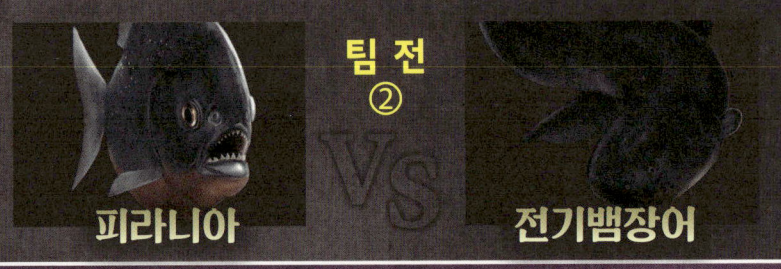

팀전 ②
피라니아 VS 전기뱀장어

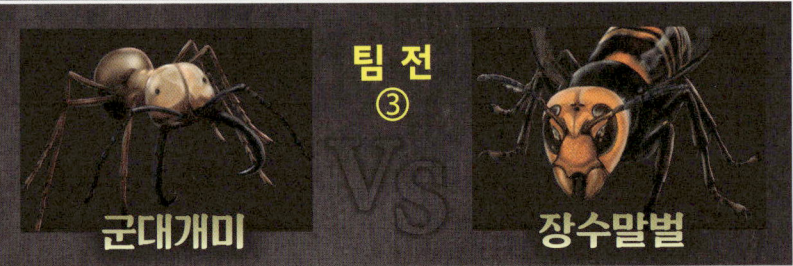

팀전 ③
군대개미 VS 장수말벌

시범 경기에서는 육지에서 사냥을 하는 생물, 물속에 사는 위험 생물, 곤충 중에서 단체로 행동하는 생물로 범위를 좁혀 대진 카드를 정했습니다.
팀전 첫 번째 시합에서는 둘 다 개과에 속하는 아프리카들개와 회색늑대가 격돌하게 됩니다. 두 번째 시합에서는 살인 물고기로 악명 높은 피라니아와 최근에 와서 집단행동하는 것이 발견된 전기뱀장어가 싸우게 됩니다. 세 번째 시합에서는 우열을 가리기 힘든 접전이 군대개미와 장수말벌 사이에서 펼쳐집니다.
각자의 힘이 아니라 팀워크가 좋아야 이길 수 있는 싸움으로 예상과는 다른 전개가 펼쳐지게 됩니다.

주의 사항

○ 이 책은 생물의 명예를 실추시키기 위해서가 아니라 전투를 통해서 생물의 성질과 능력을 파악하는 것을 목적으로 쓴 책입니다.

○ 이 책에 수록된 생물끼리의 전투는 실제로 싸웠던 상황을 재현한 것이 아닙니다. 관찰이나 표본 등 연구 결과를 바탕으로 한 시뮬레이션입니다. 그리고 전투의 결과도 틀림없이 이 책대로 승부가 난다고 보장할 수 없습니다.

○ 출전하는 생물에 대해 청코너, 홍코너로 나눈 것은 승부 표시를 알아보기 쉽도록 하기 위해서입니다. 실제 권투 시합 때처럼 도전자는 청코너, 챔피언은 홍코너라는 의미는 전혀 없습니다.

목차

008	이 책에 대하여
009	규칙
010	페이지를 보는 방법
012	최강 위험 생물 결정 토너먼트표
014	시범 경기 대진표

배틀

017	최강 위험 생물 결정 토너먼트 1회전
056	최강 위험 생물 결정 토너먼트 2회전
094	시범 경기
112	최강 위험 생물 결정 토너먼트 3회전
126	준결승전
137	결승전

칼럼

054	① 본경기에는 출전하지 않은 위험한 생물 ~육지 편~
092	② 본경기에는 출전하지 않은 위험한 생물 ~바다 편~
110	③ 본경기에는 출전하지 않은 위험한 생물 ~하늘 편~

최강 위험 생물 결정

토너먼트 1회전

최강 위험 생물 결정 토너먼트 1회전
~세계 위험 생물 대집결!~

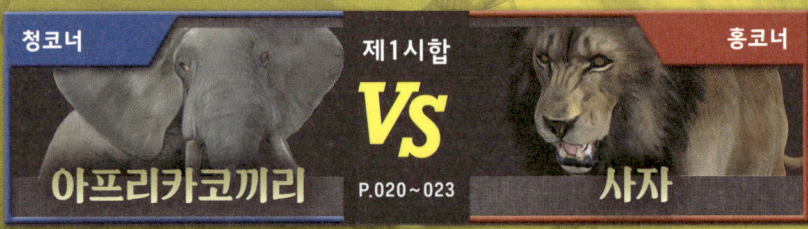

청코너 — 아프리카코끼리 — 제1시합 VS P.020~023 — 홍코너 — 사자

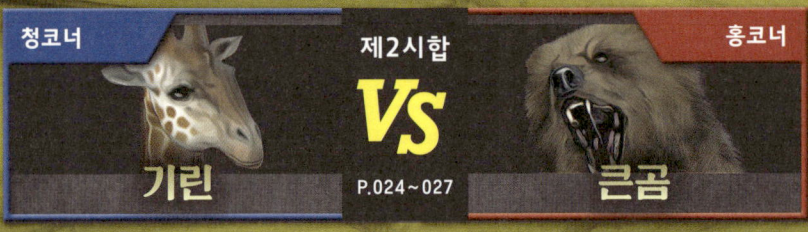

청코너 — 기린 — 제2시합 VS P.024~027 — 홍코너 — 큰곰

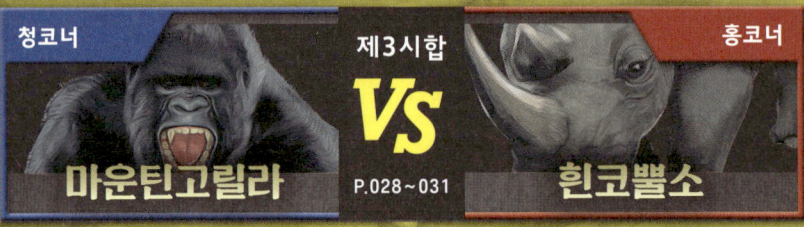

청코너 — 마운틴고릴라 — 제3시합 VS P.028~031 — 홍코너 — 흰코뿔소

청코너 — 바다악어 — 제4시합 VS P.032~035 — 홍코너 — 하마

청코너 — 코모도왕도마뱀 — 제5시합 VS — P.036~039 — **홍코너** — 킹코브라

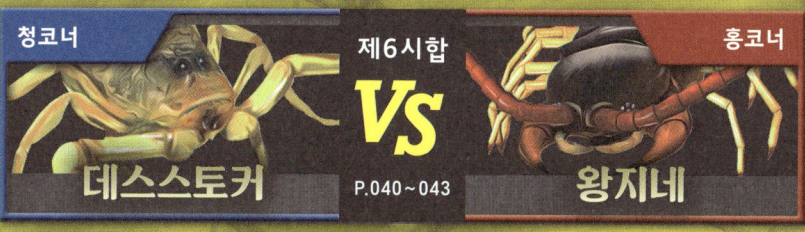

청코너 — 데스스토커 — 제6시합 VS — P.040~043 — **홍코너** — 왕지네

청코너 — 범고래 — 제7시합 VS — P.044~047 — **홍코너** — 대왕고래

청코너 — 검독수리 — 제8시합 VS — P.048~051 — **홍코너** — 수리부엉이

육상 생물 중에 덩치가 가장 큰 아프리카코끼리와 동물의 왕이라고 불리는 사자. 압도적인 강함을 자랑하며 우승 후보로 명성이 드높은 아프리카코끼리와 사자가 1회전 첫 번째 시합부터 격돌하는 엄청난 토너먼트전이 지금부터 시작됩니다.

청코너 　　　1회전 ● 첫 번째 시합

육지에서 가장 커다란 몸을 가진 생물

아프리카코끼리
African bush elephant

육상에서 생활하는 생물 중에서 가장 몸집이 큽니다. 신체 크기도 무지지만 발로 뭉개버리는 힘이나 몸으로 부딪치는 힘도 엄청나게 강력합니다. 성질이 사나워서 한 번 날뛰기 시작하면 아무도 당해낼 수 없습니다. 최대 3.5미터의 긴 상아는 구덩이를 팔 때도 사용하는데 싸울 때는 상아로 상대를 푹 찌르기 때문에 굉장히 위험합니다.

파워 / 방어력 / 공격력 / 난폭함 / 날렵함

분류	포유류 장비목 코끼리과 아프리카코끼리속
먹이	식물
사는 곳	사바나(열대 초원), 숲
특징	번식기에 수컷은 굉장히 공격적으로 변한다
몸길이	7미터

분포 지역 아프리카

최강 위험 생물 결정 토너먼트 | 홍코너

먹이사슬 꼭대기에 서 있는 동물의 왕
사자
Lion

먹이사슬 꼭대기에 서 있는 사자는 '동물의 왕'이라고 불립니다. 사냥을 할 때나 싸울 때는 사나워지지만 평상시에는 온순한 편입니다. 암컷은 사냥을 하고 수컷은 영역을 지키는 일을 합니다. 사자의 날카로운 송곳니와 발톱은 무기입니다. 수컷의 갈기는 급소인 목을 지키기 위한 보호 장비이기도 합니다.

분류	포유류 식육목 고양이과 표범속
먹이	얼룩말, 아프리카물소 등
사는 곳	사바나
특징	수컷은 다른 수컷을 물리치고 그 무리를 빼앗을 때가 있다
몸길이	2.7미터

분포 지역: 아프리카, 인도

청코너 　 아프리카코끼리 　 　 1회전 ● 첫 번째 시합

'동물의 왕'이라고 불리며 그 강함을 칭송받는 사자. 육상에서 생활하는 생물 중에서 가장 커다란 몸을 자랑하는 아프리카코끼리. '이 동물이 최강이지 않을까?'라고 대회 시작 전부터 기대를 모았던 사자와 아프리카코끼리가 1회전 첫 번째 시합에서 일찌감치 격돌하게 되었습니다! 사자의 강력한 송곳니가 아프리카코끼리의 거대한 몸에 파고들 수 있을까요!? 아프리카코끼리의 힘이 사자를 압도할까요!?

배틀 시작

서로 노려보는
거대한 몸의 코끼리와 동물의 왕 사자
가장 먼저 움직이는 것은 어느 쪽일까!

결전의 장소에 나타난 아프리카코끼리와 사자. 서로 마주하고 보니 아프리카코끼리의 몸집이 압도적으로 큽니다. 하지만 사자는 두려워하지 않고 아프리카코끼리를 노려보며 위협했습니다.

몸을 낮추고 으르렁거리는 사자. 아프리카코끼리는 긴 코를 휘두르며 울부짖고 커다란 발소리를 올리며 사자를 향해 느닷없이 돌진하기 시작합니다.

사자 **홍코너**

클라이맥스

사자가 재빨리 물어뜯지만……

사자가 뒤쪽으로 도망쳐서 거리를 뒀습니다. 아프리카코끼리는 잠시 멈추고 다시 한번 울부짖으며 사자를 위협합니다. 그 순간 사자는 재빨리 아프리카코끼리의 발밑으로 파고 들어가 발을 물어뜯었습니다!

아픔 때문에 울부짖는 아프리카코끼리는 물고 있는 사자를 떼어내기 위해 발을 높이 치켜듭니다. 코끼리의 발에 짓밟혀서는 큰일 나겠다는 생각에 사자는 부리나케 도망쳤습니다!

필살기!

엄청나게 묵직한 짓밟기

아프리카코끼리의 체중을 실은 짓밟기는 엄청나게 강력합니다. 사자도 짓밟힐까 두려워서 도망칩니다.

승자

아프리카코끼리

아프리카코끼리의 최대 무기는 그 거대한 몸입니다. 아프리카코끼리의 발에 짓밟히면 사자는 결코 무사하지 못할 것입니다. 사자가 도망친 것은 올바른 판단이라고 할 수 있습니다.

청코너

1회전 ● 두 번째 시합

육식 동물도 쓰러뜨리는 강력한 발차기

기린
Giraffe

세계에서 가장 신장(身長)이 큰 포유류. 긴 목과 다리가 특징으로 둘 다 싸울 때 무기가 됩니다. 수컷끼리 싸울 때 목을 휘저으며 머리 위의 뿔로 상대를 칩니다. 다리를 이용한 발차기는 자동차를 옆으로 넘어뜨리거나 사자를 쓰러뜨릴 만큼 위력적입니다.

파워 / 방어력 / 공격력 / 난폭함 / 날렵함

분류	포유류 우제목 기린과 기린속
먹이	식물
사는 곳	사바나
특징	갓 태어난 새끼 기린도 키가 1.7미터나 된다
몸길이	5.5미터

분포 지역 아프리카

최강 위험 생물 결정 토너먼트 | 홍코너

적을 할퀴어 쓰러뜨리는 발톱과 펀치

큰곰
Brown bear

S

파워 / 공격력 / 날렵함 / 난폭함 / 방어력

일본의 홋카이도, 유라시아 대륙, 북아메리카 대륙에 서식합니다. 이따금 사람을 습격하는 불행한 사고가 벌어져서 '식인 곰'으로 불리며 사람들을 두렵게 떨게 만듭니다. 발톱은 포유류 중에 최고 레벨의 크기와 단단함을 자랑합니다. 빠른 속도와 강력한 펀치는 발톱 때문에 더욱 위험하게 느껴집니다.

분류	포유류 식육목 곰과 곰속
먹이	사슴, 멧돼지, 연어, 열매
사는 곳	숲
특징	일본의 육상에 사는 생물 중에 가장 크다
몸길이	2.5미터

분포 지역: 홋카이도, 유라시아 대륙, 북아메리카 대륙

청코너   기린   1회전 ● 두 번째 시합

아프리카 대륙에 서식하는 기린과 일본의 홋카이도, 유라시아 대륙, 북아메리카 대륙에 서식하는 큰곰이라는 이색적인 대결이 실현되었습니다. 큰곰은 그 흉폭성과 파워풀한 공격력이 알려져 있는데 사실 기린도 사자 같은 육식동물한테서 몸을 지키기 위한 기술을 보유하고 있습니다. 기린의 필살기가 큰곰에게 적중하면 큰곰도 무사하지는 못할 것입니다. 승부의 결과는 어떻게 될까요!?

배틀 시작

뒷발로 일어서서 큰곰이 기린을 위협한다

서로 마주친 기린과 큰곰. 큰곰은 한발 한발 거리를 좁혀가다가 뒷발로 일어서서 앞발을 쩍 벌렸습니다. 큰곰은 최대한 자신을 크게 보이려고 합니다.

덩치가 커다란 큰곰이지만 아무래도 기린이 훨씬 키가 커서 유리합니다. 그래도 큰곰은 기린의 목을 노리고 과감하게 펀치를 날립니다.

큰곰 **홍코너**

클라이 맥스

큰곰의 펀치는 기린에게 가닿지 않는다

기린은 목을 휘두르며 재빨리 이동합니다. 큰곰의 펀치는 가볍게 스쳐 지나가는 정도여서 기린에게 커다란 타격을 주지는 못합니다. 거리를 두는 기린을 향해서 큰곰은 다시 앞발로 펀치를 날려 공격하려고 합니다.

큰곰의 펀치는 허공을 가릅니다. 균형이 무너진 큰곰이 땅바닥에 고꾸라지고 그 순간 기린의 강력한 발차기가 큰곰을 덮칩니다. 기린의 일격에 큰곰은 KO 당했습니다!

필살기!

운명의 기린 발차기

기린이 몸을 지킬 때 쓰는 발차기. 기린의 앞발로 발차기를 당한 큰곰은 커다란 타격을 입고 말았습니다.

승자

기린

자동차도 쓰러뜨릴 수 있는 기린의 발차기에 큰곰은 패배하고 말았습니다. 기린의 앞발로 짓뭉개는 힘과 뒷발로 차는 힘은 둘 다 굉장히 강력합니다. 아무리 큰곰이라고 해도 기린의 발차기는 당해낼 수 없었습니다.

027

청코너

1회전 ● 세 번째 시합

가장 크고 가장 강한 영장목

마운틴고릴라
Mountain gorilla

파워 / 방어력 / 공격력 / 난폭함 / 날렵함

사람을 포함해서 원숭이 부류인 영장목 중에서 가장 크고 가장 힘이 셉니다. 온순한 성격으로 싸움을 좋아하지 않지만 한 번 싸움이 일어나면 거대한 몸을 이용해서 상대를 밀치거나 날카로운 송곳니 등으로 공격합니다. 손으로 꽉 쥐는 힘은 사람의 10배인 400~500킬로그램이나 되어 움켜잡은 상대를 절대로 놓치지 않습니다.

분류	포유류 영장목 성성이과 고릴라속	분포 지역	아프리카
먹이	식물, 열매		
사는 곳	숲		
특징	고릴라 중에서 수가 적은 멸종 위기종		
몸길이	1.8미터		

최강 위험 생물 결정 토너먼트 — 홍코너

갑옷을 몸에 걸친 무거운 전차
흰코뿔소
White rhinoceros

파워 / 방어력 / 공격력 / 난폭함 / 날렵함

코뿔소 부류 중에 가장 커다란 크기를 자랑하는 흰코뿔소. 육상 동물 중에는 코끼리에 이어서 몸집이 큽니다. 온순한 성격이지만 뿔을 앞세워서 돌진하면 사자까지 도망갈 정도입니다. 그리고 두껍고 튼튼한 피부가 갑옷처럼 몸을 감싸고 있어서 방어력도 뛰어납니다.

분류	포유류 말목 코뿔소과 흰코뿔소속
먹이	식물
사는 곳	사바나
특징	시력은 안 좋지만 청력이 뛰어나서 귀를 사방으로 쫑긋 세우고 있다
몸길이	4.2미터

분포 지역 아프리카

청코너

마운틴고릴라　　　1회전 ● 세 번째 시합

중앙아프리카에서 서식하는 마운틴고릴라와 아프리카 남부에 사는 흰코뿔소. 둘 다 아프리카 대륙에 살지만 마주칠 일은 거의 없습니다. 그런 마운틴고릴라와 흰코뿔소가 어떤 전투를 펼칠지 기대해 주세요. 마운틴고릴라가 두뇌와 힘을 활용한 전법을 취할까요!? 그렇다면 흰코뿔소는 뿔을 활용해서 돌진하는 전법을 쓸까요!?

배틀 시작

고릴라의 격렬한 가슴 두드리기는 전투 시작의 신호!

뒷발로 일어선 마운틴고릴라가 양쪽 손바닥으로 자신의 가슴을 마구 두드리기 시작했습니다. 이른바 '드러밍'이란 행위로 흰코뿔소를 위협하고 있는 것입니다.

한편 흰코뿔소는 머리를 낮게 하고 무기인 뿔을 마운틴고릴라에게 향했습니다. 땅바닥을 몇 번이나 발로 탁탁 치며 언제든지 돌진할 준비를 하고 있습니다.

흰코뿔소 | **홍코너**

클라이맥스

흰코뿔소의 돌진을 마운틴고릴라가 피한다

흰코뿔소가 마운틴고릴라를 향해서 돌진합니다. 마운틴고릴라는 아슬아슬하게 피하고 도리어 흰코뿔소의 몸을 세게 밀쳐냅니다. 마운틴고릴라는 두 팔을 휘두르며 흰코뿔소를 마구 때립니다.

마운틴고릴라는 연속해서 공격하지만 흰코뿔소의 피부는 갑옷처럼 단단합니다. 타격을 주지 못하고 흰코뿔소의 반격에 마운틴고릴라는 물러날 수밖에 없었습니다.

필살기!
영광의 철벽 가드

흰코뿔소의 피부는 갑옷처럼 두껍고 단단하기 때문에 방어력이 매우 뛰어납니다.

승자 — 흰코뿔소

코뿔소 중에서도 가장 온순한 성격이라는 흰코뿔소. 공격적이지는 않지만 피부가 딱딱해서 방어력이 굉장히 뛰어납니다. 마운틴고릴라의 힘도 흰코뿔소의 갑옷을 이겨낼 수 없었습니다.

청코너

1회전 ● 네 번째 시합

수많은 사람을 덮친 거대 악어
바다악어
Saltwater crocodile

바닷물과 민물이 섞이는 '기수역'에서 서식합니다. 악어 중에서도 가장 큰 종류로 8미터 이상인 바다악어도 있습니다. 공격성이 강하고 지금까지도 많은 사람을 위협하는 사건을 일으킨 '식인 악어'입니다. 뭔가를 깨무는 힘은 1톤이 넘어서 먹이를 뼈째로 부숴뜨려 버립니다.

파워 / 방어력 / 공격력 / 난폭함 / 날렵함

분류	파충류 악어목 크로커다일과 크로커다일속
먹이	물고기, 양서류, 포유류, 파충류, 조류
사는 곳	호수, 강 등
특징	바다에서도 헤엄칠 수 있기 때문에 일본에서 목격된 적도 있다
몸길이	5미터

분포 지역 인도, 호주

| 최강 위험 생물 결정 토너먼트 | 홍코너 |

사람들이 가장 두려워하는 동물
하마
Hippopotamus

겉모습은 우스꽝스러워 보이지만 사실 아프리카에서는 '사자보다 위험한 동물'이라며 두려워합니다. 자기 영역이라는 의식이 강해서 적이라고 추정되는 상대를 지상에서는 시속 40킬로미터, 물속에서는 시속 60킬로미터의 속도로 쫓아가서 1톤이나 되는 깨무는 힘으로 공격합니다. 아프리카에서는 1년에 500명 정도의 사람이 하마에게 희생당하고 있습니다.

파워 / 방어력 / 공격력 / 난폭함 / 날렵함

분류	포유류 소목 하마과 하마속
먹이	식물
사는 곳	물가
특징	4~5분 정도 잠수가 가능하다
몸길이	4미터

분포 지역	아프리카

청코너　바다악어　　　1회전 ● 네 번째 시합

네 번째 시합은 바다악어 대 하마입니다. 바다악어와 하마는 같은 지역에 살고 있을 거라는 이미지가 강하지만 바다악어는 인도나 호주 등에서 서식하고 있습니다. 아프리카 대륙에서 살아가는 하마와는 분포 지역이 다릅니다. 악어가 익숙한 하마이지만 악어 중에서도 최대급으로 큰 바다악어의 힘에는 압도당할지도 모릅니다!

배틀 시작

한가롭게 헤엄치는 하마에게 다가가 물속에서 덮친다

결투 장소인 강을 하마가 헤엄치고 있습니다. 앞으로 결전이 시작될 거라고 생각되지 않을 정도로 하마는 여유롭게 유유히 헤엄칩니다. 그런 하마를 물속에서 바다악어가 덮칩니다!

하마를 덥석 물어버린 바다악어는 '데스롤' 기술을 사용하려고 합니다. '데스롤'은 먹잇감을 입에 문 채 몸을 옆으로 회전시켜서 상대의 살점을 물어뜯어버리는 악어의 필살기입니다.

| 하마 | 홍코너 |

클라이맥스

물속에서 하마는 재빨리 움직인다

하지만 바다악어에게 물려도 하마의 표정은 평온합니다. 하마의 피부는 굉장히 두껍기 때문에 커다란 상처를 입지는 않았습니다. 그 순간 갑자기 하마가 빠른 속도로 움직이기 시작합니다. 사실 하마는 민첩하게 움직일 수 있습니다.

하마가 바다악어를 물어뜯으려고 합니다. 물 위로 도망친 바다악어를 하마가 거대한 입으로 덥석 물었습니다! 하마에게 물린 바다악어는 항복했습니다.

필살기!

강력한 깨물기

하마는 입을 크게 벌릴 수 있고 더구나 깨무는 힘이 엄청납니다. 바다악어는 치명상을 입었습니다.

승자: 하마

악어만의 필살기인 '데스롤'도 나왔지만 하마가 훨씬 더 포악하고 강했습니다. 하마는 생긴 이미지와 다르게 성질이 난폭해서 악어의 습격을 물리친 사례가 실제로 있었습니다.

035

청코너

1회전 ● 다섯 번째 시합

독을 이용하는 거대한 도마뱀

코모도왕도마뱀

Komodo dragon

마치 공룡 같은 겉모습의 코모도왕도마뱀. 세상에서 제일 큰 도마뱀으로 물소처럼 커다란 동물도 공격해서 먹어 치웁니다. 코모도왕도마뱀은 달리는 속도가 매우 빠르고 지구력도 있어서 먹잇감이 도망치기도 어렵습니다. 덥석 물어서 독을 주입해 상대를 약하게 만들어 죽여 버립니다.

분류	파충류 뱀목 왕도마뱀과 왕도마뱀속
먹이	멧돼지, 사슴, 물소, 염소
사는 곳	숲, 사바나
특징	사람을 덮쳐서 죽게 만드는 사건도 일어난다
몸길이	3.5미터

분포 지역: 인도네시아

최강 위험 생물 결정 토너먼트 | 홍코너

세상에서 가장 큰 독사
킹코브라
King cobra

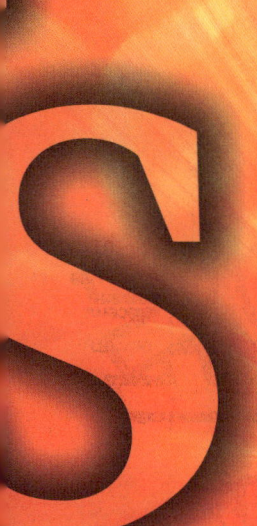

독사는 크기가 작은 게 많지만 킹코브라는 몸길이가 3~4미터로 세상에서 가장 큰 독사입니다. 독은 다른 코브라 부류보다 강하지는 않지만 몸이 크기 때문에 독의 주입량이 굉장히 많아서 코끼리도 쓰러뜨릴 정도라고 합니다. 킹코브라는 다른 뱀도 잡아먹기 때문에 뱀 중에 왕으로 불립니다.

분류	파충류 뱀목 코브라과 킹코브라속
먹이	도마뱀, 뱀
사는 곳	숲
특징	독은 빠르게 효과가 나타나는 신경독
몸길이	4미터

분포 지역 인도, 동남아시아

청코너 — 코모도왕도마뱀

1회전 ● 다섯 번째 시합

위험한 파충류끼리의 전투가 성사된 다섯 번째 시합. 세상에서 가장 큰 도마뱀인 코모도왕도마뱀과 세상에서 가장 큰 독사인 킹코브라가 격돌합니다. 킹코브라는 맹독을 가진 것으로 유명한데 코모도왕도마뱀 역시 독을 지니고 있습니다. 둘 다 강력한 무기를 갖고 있는 파충류라서 어느 쪽이 이길지 예측하기가 힘듭니다. 무시무시한 이빨로 상대를 제압하는 것은 어느 쪽일까요!?

배틀 시작

두 마리는 서로 노려보며 혀를 날름날름 내밀었다

거리를 두고 가만히 서로 노려보는 코모도왕도마뱀과 킹코브라. 두 마리는 꼼짝도 하지 않고 입안에서 혀만 날름거리고 있습니다.

코모도왕도마뱀과 킹코브라가 슬금슬금 움직여서 서로에게 다가갑니다. 킹코브라가 머리를 높이 치켜들고 위협하자 코모도왕도마뱀이 돌진해서 킹코브라의 몸통을 물어뜯었습니다.

킹코브라 **홍코너**

클라이 맥스

킹코브라는 반격에 나섰지만……

킹코브라는 몸을 구부려서 도망치려고 하지만 코모도왕도마뱀의 이빨이 킹코브라의 몸을 꽉 물고 있어서 옴짝달싹도 할 수 없었습니다. 도망가는 걸 포기한 킹코브라는 반격에 나서려고 합니다.

킹코브라가 코모도왕도마뱀의 목덜미를 덥석 물려고 했습니다. 하지만 코모도왕도마뱀은 킹코브라를 물고 마구 흔들다가 땅바닥에 몇 번이나 내려쳤습니다.

필살기!

자이언트 스윙

마구 흔들리다 땅바닥에 내려 꽂힌 킹코브라는 싸울 의지가 사라졌습니다.

승자

코모도왕도마뱀

코모도왕도마뱀이 체격과 힘의 차이를 활용한 싸움 방식으로 킹코브라를 이겼습니다. 코모도왕도마뱀이 킹코브라를 물고 과감하게 빙빙 돌려버려서 킹코브라는 반격할 수 없었습니다.

청코너 | **1회전 ● 여섯 번째 시합**

죽음을 불러오는 맹독 기술자

데스스토커
Deathstalker

독을 지닌 생물로 유명한 전갈이지만 사실 독성이 낮은 전갈도 많습니다. 그러나 데스스토커는 위험한 맹독을 지니고 있어서 찔린 사람이 사망한 사례도 있습니다. 달리는 속도와 방향을 전환하는 속도가 빠르고 성질이 난폭해서 데스스토커는 더욱 위험한 존재로 여겨지고 있습니다.

파워 / 방어력 / 공격력 / 난폭함 / 날렵함

분류	거미류 전갈목 전갈과
먹이	곤충, 작은 생물
사는 곳	건조 지역
특징	낮에는 바위틈 등에 숨어 있다가 밤에 활동한다
몸길이	10센티미터

분포 지역: 중동, 유럽

최강 위험 생물 결정 토너먼트 — 홍 코너

강력한 독을 가진 턱으로 먹잇감을 죽인다
왕지네
Scolopendridae

많은 다리를 이용해서 재빨리 이동합니다. 눈이 잘 보이지 않는 대신에 냄새와 진동으로 상대를 알아차리고 덮칩니다. 도망가지 못하도록 움켜쥐고 독을 주입하는 강력한 턱으로 상대를 제압합니다. 벌레뿐만 아니라 쥐 등 작은 동물까지 죽일 정도로 강력한 힘을 가진 독입니다.

- **파워**
- **방어력**
- **공격력**
- **난폭함**
- **날렵함**

분류	지네류 왕지네목 왕지네과 왕지네속
먹이	곤충, 거미, 전갈, 개구리
사는 곳	돌이나 낙엽 등의 아래
특징	딱딱하고 긴 몸통과 많은 다리로 적의 움직임을 막는다
몸길이	20~40센티미터

분포 지역 인도, 동남아시아

| 청코너 | 데스스토커 | 1회전 ● 여섯 번째 시합 |

이제까지는 포유류나 파충류의 싸움이었지만 여섯 번째 시합에서는 곤충류, 거미류, 지네류 같은 절지동물끼리의 싸움이 벌어집니다. 포유류나 파충류에 비하면 매우 작지만 위험성은 지금까지 등장한 생물들에게 절대로 뒤지지 않습니다. 데스스토커와 왕지네는 사람에게도 위험한 존재이고 그 독도 조심해야 합니다. 데스스토커와 왕지네는 서로에게 위험한 것도 분명합니다!

배틀 시작

두 마리 다 민첩하게 움직여서 상대의 허점을 노린다

데스스토커는 꼬리를 치켜든 채 꼼짝도 안 하고 있습니다. 반면 왕지네는 조심조심 접근해서 데스스토커 주위를, 동그라미 그리듯 뱅글뱅글 돌기 시작합니다.

왕지네도 빠르지만 데스스토커는 더욱 빠르게 방향 전환을 해서 독침을 왕지네에게 계속해서 찌르려고 합니다. 하지만 잠시 후 왕지네가 데스스토커의 몸통을 휘감았습니다.

왕지네 **홍코너**

클라이맥스

데스스토커의 독침이 왕지네의 몸통에 박혔다

왕지네는 독을 품은 턱으로 데스스토커를 깨물려고 했습니다. 하지만 그 순간 왕지네의 움직임이 사라졌습니다. 왕지네가 무는 것보다 더 빨리 데스스토커의 꼬리에 있는 독침이 왕지네의 몸통에 박혔기 때문입니다.

독침에 몸을 찔린 왕지네는 꿈틀꿈틀 움직이며 도망치려고 합니다. 하지만 데스스토커의 맹독이 온몸에 퍼져 왕지네는 움직이지 못하게 되었습니다.

필살기!

번개 같은 독침 살법

무시무시한 독을 지닌 턱의 소유자 왕지네도 데스스토커의 독침 공격은 당해낼 수 없었습니다!

승자

데스스토커

강력한 독을 품은 턱으로 물어뜯으려고 했던 왕지네는 승리를 확신하고 긴장을 풀고 있었습니다. 데스스토커의 독침 공격을 받을 거라고 생각하지 못하고 방심하고 있다가 독침을 맞고 패배한 것입니다.

청코너

1회전 ● 일곱 번째 시합

바다 먹이사슬 꼭대기에 선 최강 깡패

범고래

Killer whale

바다에서 먹이사슬 꼭대기에 서 있고 천적이 없기 때문에 최강 해양 생물로 평가받고 있습니다. 고급 사냥 기술을 갖고 있으며 고래나 상어를 공격하기도 해서 '바다의 깡패'로 불립니다. 범고래는 지능이 높기 때문에 여러 마리가 팀워크로 먹잇감을 궁지에 몰아넣습니다.

분류	포유류 경우제목 참돌고래과 범고래속
먹이	물고기, 상어, 고래
사는 곳	바다
특징	바닷가에서 강치 등을 습격할 때도 있다
몸길이	10미터

분포 지역: 전 세계

최강 위험 생물 결정 토너먼트 — 홍코너

공룡보다도 커다란 몸
대왕고래
Blue whale

파워 / 방어력 / 공격력 / 난폭함 / 날렵함

커다란 대왕고래는 몸길이가 34미터나 되는 세상에서 가장 큰 생물입니다. 주로 겉모습이 새우와 비슷하게 생긴 크릴새우와 작은 물고기를 잡아먹으며 성격이 포악하지는 않습니다. 하지만 대왕고래의 커다란 체격 자체가 매우 강력한 무기입니다. 꼬리지느러미를 한번 휘두르면 대형 트럭이 튕겨져 나갈 만큼의 위력이 있다고 합니다.

분류	포유류 경우제목 수염고래과 대왕고래속
먹이	크릴새우, 작은 물고기
사는 곳	바다
특징	하루에 4~8톤의 먹이를 먹어치운다
몸길이	30미터

분포 지역 전 세계

045

청코너   범고래   1회전 ● 일곱 번째 시합

일곱 번째 시합은 바다에 사는 생물끼리의 전투입니다. 범고래와 대왕고래 둘 다 포유류입니다. 첫 번째 시합에 등장한 아프리카코끼리는 육상에서 가장 큰 생물이지만 대왕고래는 지구상에서 가장 큰 생물입니다. 한편 범고래는 바닷속에서 가장 강한 존재라는 말을 듣습니다. 바다에서 가장 강한 사냥꾼 범고래는 거대한 대왕고래의 숨통을 끊어놓을 수 있을까요!?

배틀 시작

범고래는 주위를 헤엄치면서 공격 기회를 노린다

싸움터가 된 바다. 대왕고래가 유유히 헤엄치면서 나타났습니다. 범고래는 거리를 두고 그 주위를 헤엄치면서 공격 기회를 노립니다.

바닷속에서 최강 생물로 평가받으며 바다의 깡패로 불리는 범고래. 하지만 대왕고래의 크기에 압도되어 좀처럼 공격에 나서지 못합니다.

대왕고래 **홍코너**

클라이맥스

마침내 공격에 나서는 범고래

범고래는 조금씩 거리를 좁혀갑니다. 대왕고래는 싸울 마음이 없는지 범고래에게 신경을 쓰지 않고 헤엄을 치고 있습니다. 범고래는 대왕고래에게 싸울 생각이 없다는 걸 느끼고 공격에 나서기 위해 일직선으로 돌진했습니다!

대왕고래가 몸을 움직여서 꼬리지느러미로 철썩 치자 범고래가 튕겨져 나갔습니다. 범고래는 그 위력에 화들짝 놀라서 그대로 도망쳐버렸습니다.

필살기!

꼬리지느러미 공격

대왕고래의 꼬리지느러미는 커다랗기 때문에 그 힘도 엄청납니다. 꼬리지느러미에 맞은 범고래는 튕겨져 나갔습니다.

승자

대왕고래

범고래는 고래를 사냥하는 것으로 유명하지만 성장한 대왕고래는 너무 센 사냥감입니다. 범고래가 한 마리가 아니라 무리였다면 대왕고래가 아니라 범고래 쪽이 승리했을지도 모릅니다.

청코너 — 1회전 ● 여덟 번째 시합

시속 240킬로미터로 덮친다
검독수리
Golden eagle

좌우 날개를 펼치면 2미터나 되는 대형 맹금류입니다. 사람보다 시력이 10배는 더 좋아서 멀리 떨어진 곳에 있는 먹잇감을 발견해서 시속 240킬로미터 이상의 속도로 날아가 덮칩니다. 날카로운 발톱으로 먹잇감을 잡았을 때 그 움켜쥐는 힘이 100킬로그램 이상으로 토끼 같은 작은 동물은 목덜미를 잡힌 것만으로도 죽어버리게 됩니다.

파워 / 방어력 / 공격력 / 난폭함 / 날렵함

분류	조류 수리목 수리과 검독수리속
먹이	토끼, 쥐, 다람쥐, 조류, 물고기
사는 곳	숲
특징	평균 60제곱 킬로미터라는 넓은 자기 영역권을 가진다
몸길이	2.1미터(날개 펼친 길이)

분포 지역: 북미 대륙, 유라시아 대륙, 아프리카 북부

최강 위험 생물 결정 토너먼트 — 홍코너

소리 없이 나는 밤의 사냥꾼
수리부엉이
Eurasian eagle-owl

파워 / 방어력 / 공격력 / 난폭함 / 날렵함

올빼미 중에서 가장 큰 종류입니다. 사냥꾼으로서의 본능이 발휘되는 때는 밤입니다. 어둠 속에서도 볼 수 있는 눈과 희미한 소리도 놓치지 않는 귀로 먹잇감을 찾아냅니다. 수리부엉이는 소리도 내지 않고 날아서 먹잇감을 낚아챕니다. 덩치가 크고 힘도 세기 때문에 밤에 가장 강한 맹금류라는 평가를 받고 있습니다.

분류	조류 올빼미목 올빼미과 수리부엉이속
먹이	쥐, 토끼, 다람쥐, 개구리
사는 곳	숲
특징	낮에 활동하며 사냥을 할 때도 있다
몸길이	1.8미터(날개 펼친 길이)

분포 지역 유라시아 대륙

| 청코너 | 검독수리 | 1회전 ● 여덟 번째 시합 |

일곱 번째 시합은 바다가 무대였지만 이번 여덟 번째 시합은 하늘에서 이루어집니다. 먹잇감을 사냥하는 뛰어난 사냥꾼인 검독수리와 수리부엉이. 두 마리 다 평소에는 토끼나 쥐를 잡아먹지만 이 싸움에서 지는 쪽은 제물이 됩니다. 싸움의 포인트가 되는 것은 검독수리와 수리부엉이의 비행 능력입니다. 유리한 위치를 차지하는 쪽은 비행 능력에 따라 결정됩니다.

배틀 시작

엄청난 속도로 상공에서 덮치는 검독수리

크게 날개를 펼치고 검독수리가 활공을 하면서 등장합니다. 한편 수리부엉이는 나무 위에 앉아서 기다리고 있습니다. 시력이 좋은 검독수리는 이미 수리부엉이의 존재를 파악하고 있습니다.

상공에서 급강하하면서 검독수리는 수리부엉이에게 접근합니다. 그 속도는 시속 300킬로미터를 넘었습니다. 검독수리를 알아차린 수리부엉이도 상공으로 날아갑니다.

수리부엉이 **홍코너**

클라이맥스

날카로운 발톱에서 도망치지 못하는 수리부엉이

급강하하는 검독수리에 맞서 반격하려는 수리부엉이. 하지만 검독수리의 속도는 상상 이상으로 빨라서 공격을 피할 수가 없습니다. 검독수리의 날카로운 발톱에 수리부엉이는 꽉 붙잡히고 말았습니다.

검독수리의 발톱은 작은 동물을 눌러 죽일 정도로 움켜쥐는 힘이 강력합니다. 수리부엉이도 도망칠 수 없었습니다. 꼼짝도 하지 못하게 된 수리부엉이는 KO 당했습니다.

필살기!

승자

훌륭한 쇠 발톱

검독수리의 최대 무기는 발톱으로 움켜쥐는 힘입니다. 검독수리의 발톱에 잡히면 수리부엉이는 꼼짝도 하지 못하게 됩니다.

검독수리

검독수리의 엄청난 속도와 발톱으로 움켜쥐는 힘 앞에서 수리부엉이는 자신의 무기인 발톱을 내밀지도 못했습니다. 수리부엉이는 밤에 사냥을 나설 때가 많기 때문에 싸우는 상황이 밤 시간대였다면 결과가 다를지도 모릅니다.

최강 위험 생물 결정 1회전 총평

드디어 대회가 시작되었습니다. 육지, 바다, 하늘을 무대로 포유류, 파충류, 조류, 절지동물 등 다양한 종류의 생물이 모여서 위험한 싸움을 벌였습니다!

흉악한 진짜 얼굴을 드러낸 생물들

다양한 종류의 생물이 모인 1회전. 격렬한 싸움이 펼쳐졌는데 그때 알 수 있었던 것은 생물들이 일반적인 이미지와 조금 다르다는 사실입니다.

예를 들어 두 번째 시합에서 기린과 큰곰의 싸움이 그렇습니다. 사람을 덮치는 사건을 일으킨 적도 있어서 그 위험성이 널리 알려진 큰곰과 대결하는 기린은 초식동물이어서 공격적이라고 생각하는 사람은 별로 없을 것입니다. 하지만 기린은 무리끼리 격렬한 다툼을 벌이기도 하고, 발차기로 사자를 쓰러뜨리기도 합니다.

네 번째 시합에 나오는 하마도 일반적인 이미지와 실제 모습이 크게 차이가 나는 생물이라고 할 수 있습니다. 서식하는 아프리카에서 하마는 사자 이상으로 사람들을 두려움에 떨게 만들고 있습니다. 이번 전투에서도 하마는 그 포악함을 충분히 발휘해서 거대한 바다악어를 상대로 승리했습니다.

'위험한 파충류 넘버 원'이라는 소문이 자자한 킹코브라였지만 그 대결 상대는 코모도왕도마뱀이었습니다.

큰곰은 펀치를 날리고 기린은 필살기인 발차기를 선보였습니다. 기린의 날렵한 발차기는 강력한 무기입니다.

아프리카에서는 하마가 사람을 덮치는 사건이 종종 발생하고 있습니다. 어떤 동물보다도 하마는 사람들을 많이 죽입니다.

1대 1이라면 거대한 코끼리가 동물의 왕에게 압승

지상에서 가장 큰 생물인 아프리카코끼리와 '동물의 왕'이라고 불리는 사자의 대결입니다. 사실상 결승전이라고 할 수 있는 전투는 아프리카코끼리의 승리로 끝났습니다.

날렵한 움직임으로 사자는 아프리카코끼리의 발을 물었지만 오히려 땅바닥에 패대기쳐지고 발에 밟힐 위기에 처했습니다. 사자는 싸움을 포기하고 도망치고 아프리카코끼리의 승리로 끝났습니다.

실제로 아프리카 사바나에서 아프리카코끼리가 사자를 물리치는 일은 종종 목격되는 일입니다. 이번 전투에서도 아프리카코끼리가 그 실력을 발휘했습니다.

사자가 평소 사냥할 때처럼 집단으로 공격했다면 전투 결과가 달라졌을지도 모릅니다.

높은 전투 능력을 지닌 범고래지만 대왕고래의 거대한 몸은 당해낼 수 없었습니다.

지구에서 가장 커다란 몸은 강력한 무기가 된다

일곱 번째 시합에서는 바다에 서식하는 유일한 포유류인 해수(海獸)끼리의 전투가 벌어졌습니다.

'바다의 깡패'라고 불리며 바다에서 천적이 없을 것 같은 범고래지만 대왕고래의 압도적인 몸 크기와 힘 앞에서 패배하고 말았습니다.

범고래가 대왕고래를 덮쳐서 이길 때도 있는데 그때는 범고래가 무리로 사냥을 나서서 가능한 것입니다.

이번 전투 같은 1대 1 대결에서는 첫 번째 시합의 거대한 아프리카코끼리에게 패배한 사자와 마찬가지로 범고래도 대왕고래는 당해낼 수가 없었습니다.

칼럼 ①

본경기에는 출전하지 않은 위험한 생물
~육지 편~

본경기에서는 육지에서 사는 생물들이 격렬한 전투를 벌였습니다. 지금부터는 안타깝게 본경기에는 빠졌지만 공격력과 방어력을 갖춘, 위험하다고 알려진 육상 생물을 소개하겠습니다.

아메리카들소

마치 덤프차 같은 파괴력!

아메리카들소는 주로 북아메리카에서 서식합니다. 1톤이 넘는 거구인데도 시속 65킬로미터의 속도로 달릴 수 있을 뿐만 아니라 2미터가 넘는 점프력을 갖고 있습니다. 뿔을 활용해서 머리를 들이밀어 공격하면 상대가 버텨낼 수가 없습니다.

스컹크

**작은 몸으로 자신을 지킨다!
악취를 풍겨서 상대를 물리친다.**

몸집이 작은 동물로 자신의 몸을 지키기 위해 항문선에서 내뿜는 분비액은 무기로써 큰 효과를 발휘합니다. 4~5미터 떨어진 상대에게 명중시킬 정도로 비거리가 있고, 이 분비액에 맞으면 실명할 위험도 있고, 너무 냄새가 지독해서 정신을 잃기도 하며, 죽음에 이르는 경우도 있습니다.

북극곰

**공격과 수비를 두루 잘하는
북극권 최강 육식 동물.**

그 커다란 몸에서 내뻗는 펀치는 바다표범을 한방에 물리칠 수 있을 정도로 강력합니다. 그리고 극한의 환경에서 살아남을 수 있을 만큼 두꺼운 피부와 지방층 덕분에 방어력이 강합니다. 쉬지 않고 60킬로미터 거리를 헤엄칠 수 있을 정도로 지구력도 갖고 있습니다.

아나콘다

**대부분의 동물은
그 근육 앞에서 무기력하다!**

본경기에 나온 코모도왕도마뱀과 킹코브라와 다르게 독은 갖고 있지 않습니다. 아나콘다의 최대 무기는 근육입니다. 뱀 중에서도 최대급의 크기를 자랑하는 아나콘다에게 몸을 휘감기면 거대한 소도 5분 정도면 죽어버리기도 할 정도입니다. 사람이나 악어의 몸을 휘감아 죽인 다음에 통째로 삼키기도 합니다.

아메리카표범(재규어)

**깨무는 힘은 사자보다 강하다!?
헤엄도 칠 줄 아는 사냥꾼.**

남미 최강이라고 불리는 아메리카표범의 무기는 송곳니입니다. 깨무는 힘은 호랑이나 사자보다 셉니다. 그 밖에도 초식동물을 한방에 때려죽이는 힘을 지닌 펀치와 헤엄을 치는 능력도 뛰어나서 악어를 덮치기도 합니다. 장소에 구애받지 않고 사냥을 한다는 특징이 있습니다.

최강 위험 생물 결정 토너먼트 2회전
~흐름을 바꾸는 난입자들~

청코너 — 아프리카갈기호저 / 제1시합 VS P.058~061 / 홍코너 — 아프리카코끼리

청코너 — 호랑이 / 제2시합 VS P.062~065 / 홍코너 — 기린

청코너 — 점박이하이에나 / 제3시합 VS P.066~069 / 홍코너 — 흰코뿔소

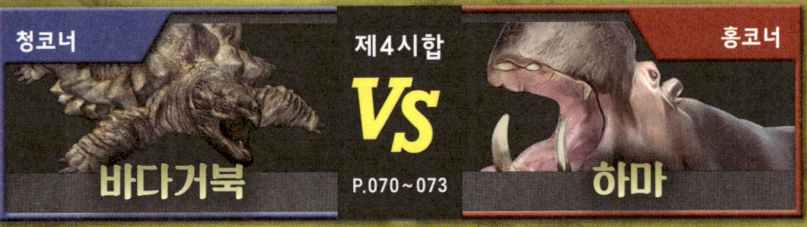

청코너 — 바다거북 / 제4시합 VS P.070~073 / 홍코너 — 하마

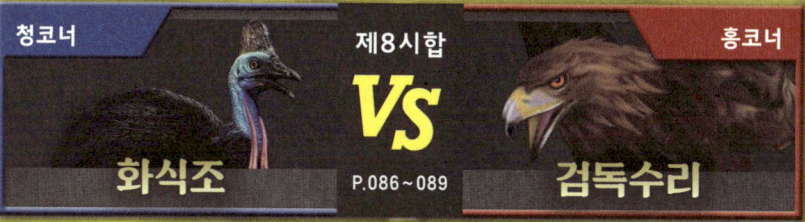

강하다고 소문이 자자한 사자와 바다악어, 범고래 등 대형 생물이 패배하고 모습을 감추어버리는 예상 밖의 전개를 맞이한 1회전이었습니다. 2회전에서는 격전을 펼치고 승리한 강자들에게 다양한 무기를 가진 난입자들이 도전합니다.

2회전 ● 첫 번째 시합   최강 위험 생물 결정 토너먼트

몸을 보호하는 가시로 적을 찌른다

아프리카갈기호저
Crested porcupine

대결 상대
아프리카코끼리

아프리카갈기호저의 몸은 자신을 보호하기 위한 가시로 뒤덮여 있습니다. 다른 호저 무리는 아프리카, 아시아, 유럽, 남아메리카, 북아메리카 등 다양한 곳에서 서식하고 있습니다. 하지만 아프리카갈기호저는 이름 그대로 아프리카 대륙과 이탈리아 등 지중해 연안 부근에서 살고 있습니다. 경계심이 강하고 성질이 포악합니다.

분류	포유류 설치목 호저과 호저속
먹이	나무뿌리, 알뿌리
사는 곳	사바나
특징	낮에는 굴속에서 지내고 밤에 활동한다
몸길이	0.9미터

분포 지역 아프리카

STRONG POINT
알루미늄도 뚫어버리는 가시 같은 털

호저 가시의 정체는 길고 단단한 털입니다. 아프리카갈기호저의 경우 긴 가시는 40센티미터 정도이고 짧은 가시는 10센티미터 정도입니다. 갓 태어났을 때는 부드러운 털이었지만 성장하면서 단단해집니다. 위험을 느끼면 가시를 세우고 조심스럽게 상대를 향해 돌진합니다. 가시 끝이 날카로워서 알루미늄캔 정도는 뚫을 수 있습니다. 자신을 덮치려고 하는 육식 동물에게 치명상을 입히는 것도 가능합니다.

청코너 — 아프리카갈기호저   2회전 ● 첫 번째 시합

1회전에서 승리하고 올라온 아프리카코끼리의 대결 상대는 아프리카갈기호저입니다. 덩치 차이가 엄청나지만 아프리카갈기호저는 가시 같은 털을 활용한 방어력이 있습니다. 실제로 사자 무리에게 공격을 당한 아프리카갈기호저가 가시 덕분에 자신의 몸을 지킨 사례도 있습니다. 아프리카코끼리도 그렇게 쉽게 건드리기는 힘들 것입니다!

배틀 시작

가시 같은 털을 세우고 거대한 적을 위협한다

아프리카코끼리와 아프리카갈기호저가 마주쳤습니다. 두 마리 사이에 충분한 거리가 있지만 아프리카코끼리의 거대한 몸에 압도당한 아프리카갈기호저가 일찌감치 털을 세우고 있었습니다.

아프리카갈기호저는 뒷발로 땅바닥을 탁탁 치고, 꼿꼿하게 세운 털을 흔들면서 씩씩 소리를 냈습니다. 땅바닥을 치는 소리와 씩씩거리는 소리는 상대를 위협하기 위한 소리입니다.

| 아프리카코끼리 | 홍코너 |

클라이맥스

조심스럽게 다가가서 가시를 세운다!

아프리카갈기호저가 아무리 위협해도 아프리카코끼리는 태연한 표정입니다. 아프리카갈기호저는 조심스럽게 다가가더니 마침내 아프리카코끼리를 향해 돌진했습니다.

가시가 발에 닿으려는 순간 아프리카코끼리가 아프리카갈기호저를 발로 찼습니다. 아프리카코끼리의 발에 가시가 몇 개 박혔지만 아무런 타격도 주지 못했습니다.

필살기!

초강력 코끼리 발차기

두 마리는 체격이 너무나도 크게 차이가 납니다. 아프리카코끼리의 발차기에 시합은 시원하게 마무리되었습니다.

승자

아프리카코끼리

아프리카갈기호저의 가시가 상대의 내장에 박히면 치명상을 입게 됩니다. 하지만 거대한 아프리카코끼리의 배에 가시가 박히는 것은 불가능한 일로 아프리카갈기호저가 이길 방법은 없었던 것입니다.

2회전 ● 두 번째 시합　　최강 위험 생물 결정 토너먼트

고양이과 최대 육식 동물
호랑이
Tiger

대결 상대
기린

사자, 표범, 치타 등 고양이과 대형동물 중에서 가장 커다란 동물은 호랑이입니다. 무리 지어 활동하는 사자와 달리 호랑이는 단독으로 사냥을 합니다. 줄무늬는 우거진 숲에 숨어 있을 때 몸을 감추는 효과가 있습니다. 생태계 꼭대기에서 그 지역에 사는 모든 동물을 잡아먹습니다.

분류	포유류 식육목 고양이과 표범속
먹이	사슴, 멧돼지 등
사는 곳	숲, 사바나
특징	단독으로 활동하고 사냥 한 번에 10~20킬로미터를 이동한다
몸길이	3.7미터

분포 지역 인도, 동아시아, 러시아

STRONG POINT (강점)
고양이과 중에서 가장 몸이 크지만 가볍게 점프할 수 있다

날카롭고 커다란 송곳니, 발톱과 3미터 이상을 점프할 수 있는 신체 능력이 호랑이의 무기입니다. 무적의 호랑이 앞에서는 모든 동물이 먹잇감이 됩니다. 인도코끼리, 인도코뿔소, 큰곰, 늑대, 늪악어 같은 강한 동물조차 호랑이에게 습격을 당해서 잡아먹히게 됩니다. 그리고 고양이과 동물은 물을 싫어하지만 호랑이는 헤엄을 칠 수 있다는 것도 강점입니다.

청코너 — 호랑이

2회전 ● 두 번째 시합

1회전에서 기린은 큰곰에게 승리했지만 이번 대결 상대는 큰곰과 인연이 있는 호랑이입니다. 시베리아에서 호랑이와 큰곰은 경쟁 관계입니다. 그리고 호랑이는 큰곰을 죽이기도 합니다. 큰곰에게 승리한 기린이지만 호랑이는 큰곰을 포함해서 자기 영역 안의 생물은 모조리 잡아먹습니다. 그런 호랑이에게 기린은 이길 수 있을까요?

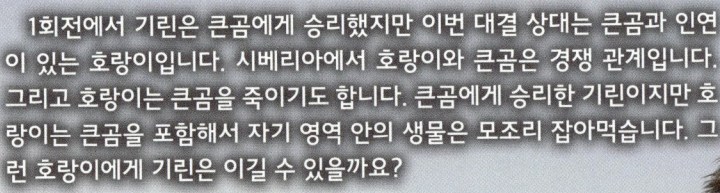

배틀 시작

상대가 알아차리지 못하게 조심스럽게 접근하는 호랑이

기린이 대결 장소에 가만히 서 있습니다. 호랑이는 수풀이 우거진 곳에서 숨어서 서서히 접근합니다. 호랑이는 장거리를 달리는 것은 안 좋아하는 성향으로 몸을 숨긴 상태에서 기린 20미터 가까이까지 다가갔습니다.

호랑이는 소리를 내지 않고 조용히 기린 근처로 접근하는 데 성공했습니다. 그늘에서 튀어나와 자랑거리인 점프력으로 단숨에 기린에게 덤벼들었습니다.

기린 **홍코너**

클라이 맥스

기린이 휘두른 앞발에 호랑이가 걷어차였다!

호랑이는 다부진 앞발로 기린을 누르고 커다란 송곳니로 기린의 살점을 뜯어 먹으려고 합니다. 호랑이의 기습에 놀란 기린은 반사적으로 앞발로 호랑이를 걷어찼습니다.

필살기!

뛰어난 행운의 발차기

기린의 단단한 발굽에 배를 걷어차인 호랑이는 커다란 타격을 입었습니다.

호랑이가 기세등등하게 덤벼든 탓에 불행히도 기린의 앞발이 호랑이의 배를 깊숙이 쳤습니다. 호랑이는 전투 불능 상태에 빠져버렸습니다.

승자

기린

호랑이는 대형동물도 사냥해서 죽이기 때문에 기린이 호랑이한테 이기지 못할 거라고 예상했습니다. 하지만 기린이 휘두른 앞발이 우연히 호랑이의 배에 깊숙이 닿아서 호랑이는 지고 말았습니다.

2회전 ● **세 번째 시합** 　　**최강 위험 생물 결정 토너먼트**

사바나의 진짜 최강 왕자
점박이하이에나
Spotted hyena

대결 상대
흰코뿔소

점박이하이에나는 하이에나과 중에서 가장 큽니다. 이름대로 검은색 반점이 있는 것이 특징입니다. 커다란 무리를 이루고 있는데 12종류의 울음소리로 구분해서 능숙하게 무리끼리 의사소통을 합니다. 그 울음소리가 사람의 웃음소리와 비슷하다고 해서 '웃는 하이에나'라고 불리기도 합니다.

분류	포유류 식육목 하이에나과 점박이하이에나속
먹이	얼룩말, 누 등
사는 곳	사바나
특징	암컷 점박이하이에나가 리더로서 무리를 이끈다
몸길이	1.7미터

분포 지역	아프리카

STRONG POINT
강점

포유류 중에서 깨무는 힘이 가장 강하다

사자가 먹고 남긴 사체를 찾아 헤매기 때문에 하이에나는 다른 동물의 수고를 가로채는 교활한 녀석이라는 취급을 받지만 사실은 사자보다 사냥을 잘합니다. 점박이하이에나가 깨무는 힘은 450킬로그램 이상으로 포유류 중에서 가장 강합니다. 때로는 새끼 사자까지 먹잇감으로 삼아 뼈째 먹어치웁니다. 사바나에서 가장 강한 동물은 점박이하이에나라고 하는 전문가도 있을 정도입니다.

| 청코너 | 점박이하이에나 | 2회전 ● 세 번째 시합 |

1회전에서 마운틴고릴라를 무찌르고 올라온 흰코뿔소입니다. 이번 상대는 점박이하이에나입니다. 사자 등이 남긴 사체를 가로채서 먹는다는 편견이 있지만 사실 점박이하이에나는 사바나에서 사자의 경쟁 상대라는 말을 듣습니다. 훌륭한 사냥 기술과 뼈까지 모조리 먹어치우는 강력한 턱과 이빨은 흰코뿔소에게 위협적인 상대일 것입니다.

배틀 시작

사바나의 사냥 달인이 흰코뿔소를 공격한다

흰코뿔소가 초원에서 풀을 뜯어 먹고 있습니다. 등 뒤에서 점박이하이에나가 다가오고 있습니다. 점박이하이에나는 사자보다도 사냥을 잘하는 달인입니다. 그 기술로 신중하게 접근합니다.

흰코뿔소는 잠시 뒤 접근해오는 점박이하이에나의 기척을 드디어 알아차렸습니다. 하지만 그 순간 점박이하이에나가 흰코뿔소에게 덤벼들었습니다.

흰코뿔소 **홍코너**

클라이맥스

두꺼운 피부가 몸을 지켜줬다

점박이하이에나가 흰코뿔소의 피부에 이빨을 들이댑니다. 포유류 중에 가장 강력한 턱을 지닌 점박이하이에나가 흰코뿔소를 물어뜯었습니다. 흰코뿔소는 아픔으로 펄쩍 뛰어올랐고 그 움직임에 점박이하이에나가 튕겨져 나갔습니다.

튕겨져 나가 땅바닥에 떨어진 점박이하이에나가 일어서려고 할 때 흰코뿔소가 돌진했습니다. 뿔을 앞세우고 몸으로 강력하게 부딪치자 점박이하이에나는 아까보다 크게 튕겨져 나갔고 이번에는 꼼짝도 하지 못하게 되었습니다.

필살기!

심판의 날

코끼리 다음으로 몸집이 커다란 흰코뿔소가 부딪치는 것은 매우 강력합니다. 한 번에 KO 당하는 것도 당연합니다.

승자 — 흰코뿔소

점박이하이에나는 턱의 힘이 굉장히 강하지만 흰코뿔소에게는 갑옷 같은 피부가 있습니다. 점박이하이에나가 깨물었지만 흰코뿔소에게 치명상을 입히지는 못했습니다. 기습을 당했지만 1 대 1 싸움에서 흰코뿔소가 점박이하이에나에게 승리했습니다.

2회전 ● 네 번째 시합   최강 위험 생물 결정 토너먼트

단단한 물체도 씹어서 으깨버린다
악어거북
Alligator snapping turtle

대결 상대
하마

악어거북은 마치 괴물 같은 겉모습을 하고 있습니다. 체중이 100킬로그램을 넘는 개체도 있고 민물에서 사는 거북 중에서는 몸집이 가장 큽니다. 모양이 지렁이같이 생긴 분홍색 혀를 이용해서 사냥을 합니다. 악어거북 혀를 지렁이라고 착각하고 모여든 물고기를 잡아먹는 희귀한 사냥 방식을 취하고 있습니다.

분류	파충류 거북목 늑대거북과 악어거북속
먹이	물고기, 개구리
사는 곳	강
특징	일생의 대부분을 물속에서 지낸다
몸길이	0.6미터

분포 지역: 미국

STRONG POINT (강점)
단단한 물체도 파괴하는 강력한 턱 힘

악어거북은 겁이 많은 성격으로 공격적이지 않습니다. 하지만 위험성이 아주 높습니다. 날카로운 부리 같은 입으로 깨무는 힘이 굉장히 세서 다른 종류 거북의 등딱지를 부수어서 씹어 먹기도 합니다. 사람의 손가락 정도는 가볍게 씹어버릴 수 있을 것입니다. 더구나 발이 두껍고 튼튼하고 발톱이 단단하고 날카롭습니다. 악어거북이 발톱으로 할퀴면 상대는 커다란 상처를 입게 될 것입니다.

청코너 악어거북

2회전 ● 네 번째 시합

하마는 1회전에서 바다악어를 격파했습니다. 이번 상대도 강에서 사는 생물인 악어거북입니다. 바다악어에 비하면 몸집이 작지만 민물에 사는 거북 중에서는 세상에서 가장 큽니다. 그리고 단단한 물체를 부수어 버리는 턱의 힘도 무시할 수 없습니다. 악어거북의 특기인 깨물기를 싸울 때 어떻게 발휘할지 주목해 보세요.

배틀 시작

악어거북이 슬금슬금 하마에게 다가간다

결전의 자리에 악어거북과 하마가 등장했습니다. 하마는 악어거북의 기척을 느꼈지만 위협이 되지 않는다고 생각했는지 공격 태세를 갖추지 않습니다. 한편 악어거북은 천천히 하마에게 다가갔습니다.

악어거북은 싸울 의사가 없는 하마를 갑자기 깨물었습니다. 악어거북의 턱은 다른 거북의 등딱지를 씹어서 부수어버릴 정도로 강합니다. 하마도 무사히 넘어가지는 못할 것입니다.

하마 / **홍코너**

클라이맥스

강한 턱의 힘으로 깨물었지만……

악어거북은 주둥이로 하마의 피부 일부를 뜯어냈지만 그렇게 커다란 상처를 입히지는 못했습니다. 하마는 피부가 두꺼기 때문에 방어력이 높습니다.

커다란 상처를 입지는 않았지만 악어거북에게 물린 하마는 화가 났습니다. 입을 커다랗게 벌려서 악어거북을 물어 멀리멀리 날려버렸습니다. 악어거북은 바로 도망쳐버리고 하마가 승리했습니다.

필살기!

자이언트 스윙

하마가 커다란 입으로 악어거북을 물고 멀리멀리 날려버렸습니다.

승자

하마

악어거북의 깨무는 힘은 엄청나지만 이번에는 하마의 뼈와 내장까지 닿지 않아서 커다란 상처를 입히지 못했습니다. 악어거북이 등딱지로 몸을 지키려고 하지만 하마가 멀리멀리 내던져서 전투를 이어갈 수가 없었습니다.

2회전 ● 다섯 번째 시합   최강 위험 생물 결정 토너먼트

두려움을 모르는 무서운 녀석

라텔
Ratel

대결 상대
코모도왕도마뱀

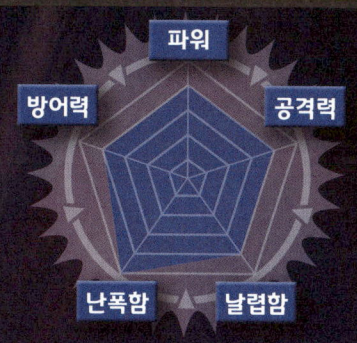

라텔은 기네스북에 '세상에서 가장 두려움을 모른다'라는 인정을 받았습니다. 더구나 일부에서는 '세상에서 가장 무서운 생물'이라고 평가하고 있습니다. 사자와도 팽팽한 싸움을 벌이고, 독에 대한 내성이 있어서 독사도 즐겨 먹습니다. 귀여운 겉모습과 달리 라텔은 성질이 사나워서 방심해서는 안 되는 생물입니다.

분류	포유류 식육목 족제비과 벌꿀오소리속
먹이	포유류, 조류, 열매, 벌꿀
사는 곳	사바나
특징	벌꿀을 좋아해서 벌집을 공격한다
몸길이	0.8미터

분포 지역 아프리카, 중동, 중앙아시아

STRONG POINT (강점)

신축성 있는 피부로 공격을 막아내고 악취 가스를 상대에게 뿌린다

라텔은 사자에게 습격을 당해도 신축성 있는 피부 덕분에 몸을 지킬 수 있습니다. 피부가 두껍고 단단하기 때문에 다른 동물의 송곳니나 발톱이 쉽게 통과하지 못합니다. 더구나 피부가 신축성이 있기 때문에 몸을 비틀어서 반격하는 것도 가능합니다. 그리고 스컹크처럼 항문 주위에서 강렬한 악취를 내뿜는 가스를 분사할 수 있습니다. 사람이 라텔의 가스를 맞으면 눈물과 구역질이 멈추지 않고 일주일 동안 냄새가 가시지 않습니다.

청코너 라텔

2회전 ● 다섯 번째 시합

코모도왕도마뱀은 1회전에서 킹코브라와 파충류 대결을 펼쳐서 이겼습니다. 2회전에서 코모도왕도마뱀이 맞이하는 상대는 라텔로 킹코브라와 아주 딴판으로 겉보기에는 귀엽습니다. 하지만 라텔은 코모도왕도마뱀이 절대로 방심해서는 안 되는 상대입니다. 라텔은 사자조차 무서워하지 않는 것으로 유명합니다. 아무런 요령도 없이 공격해서는 세상에서 가장 큰 코모도왕도마뱀도 위험해질지도 모릅니다……

배틀 시작

라텔을 잡아먹기 위해 등 뒤에서 덮치려고 한다

코모도왕도마뱀과 라텔이 서로 노려봅니다. 코모도왕도마뱀은 혀를 날름날름하면서 라텔에게 다가갑니다. 라텔을 쓰러뜨리고 잡아먹으려는 생각을 하고 있을 것입니다.

단숨에 다가온 코모도왕도마뱀에게 거리를 두려고 하는 라텔. 하지만 코모도왕도마뱀에게 등 뒤에서 물리고 말았습니다!

코모도왕도마뱀 **홍코너**

클라이맥스

악취 가스를 코모도왕도마뱀에게 분사한다!

라텔의 두꺼운 피부에 가로막혀 코모도왕도마뱀의 송곳니는 깊숙이 박히지 못했습니다. 라텔의 피부는 신축성이 있어서 몸을 비틀어서 코모도왕도마뱀 쪽으로 방향을 틀어서 깨물어서 복수했습니다.

필살기!

죽음의 가스 폭탄

적을 위협하기 위해 라텔은 악취 가스를 분사합니다.

놀란 코모도왕도마뱀이 라텔 곁에서 떨어지자 순식간에 가스를 내뿜는 라텔. 그 냄새에 코모도왕도마뱀은 멀리멀리 도망쳐버렸습니다.

★ 승자

라텔

체격 차이가 있는 동물의 대결이 되었지만 자신보다 몇 배는 더 큰 사자나 물소에게 덤벼드는 겁이 없는 성격의 라텔은 코모도왕도마뱀한테도 조금도 주눅 들지 않았습니다.

2회전 ● 여섯 번째 시합　최강 위험 생물 결정 토너먼트

독을 지닌 세계 최강 개미

총알개미
Bullet ant

대결 상대
데스스토커

니카라과와 파라과이 등 중남미 정글에 서식하는 개미의 일종입니다. 몸길이는 3센티미터 정도로 대형입니다. 개미인데도 희귀하게 총알개미는 무리를 지어서 행동하지 않고, 단독으로 사냥을 하는 모습이 목격되고 있습니다. 굉장히 강한 독을 갖고 있기 때문에 '세계 최강 개미'라는 소리를 듣습니다.

분류	곤충류 벌목 개미과 침개미속
먹이	곤충
사는 곳	숲
특징	집단이 아니라 단독으로 행동한다
몸길이	3센티미터

분포 지역: 중남미

STRONG POINT (강점)
총에 맞았을 때 같은 충격과 아픔을 느끼게 하는 독침

'총알개미(bullet ant)'라는 이름은 총알개미의 독침에 물렸을 때 총에 맞은 듯한 아픔을 느끼기 때문에 붙여진 것입니다. 그 아픔은 24시간 동안 이어진다고 합니다. 총알개미의 독은 아주 독하기 때문에 개미나 벌 종류 중에서 물렸을 때 아픔이 가장 심하다고 합니다. 그리고 총알개미의 깨무는 힘도 굉장히 강합니다.

청코너   총알개미

2회전 ● 여섯 번째 시합

왕지네 대 데스스토커는 1회전에서는 유이하게 출전한 절지동물끼리 싸웠습니다. 하지만 2회전에서 데스스토커와 싸우는 총알개미는 본경기에 참가한 유일한 곤충입니다. 전갈과 지네는 곤충이 아닙니다. 왕지네보다 훨씬 작지만 '세계 최강 개미'라고 불리는 총알개미는 자신보다 몸집이 커다란 상대도 쓰러뜨립니다. 총에 맞았을 때 같은 충격을 준다는 총알개미의 독침은 데스스토커에게도 통할까요?

배틀 시작

커다란 상대를 향해 망설이지 않고 돌진한다

데스스토커가 걸어가고 있을 때 그 등 뒤에서 총알개미가 다가오고 있습니다. 몸 크기를 비교하면 데스스토커가 훨씬 크지만 총알개미는 망설이지 않고 단숨에 접근합니다.

데스스토커에게 달라붙은 총알개미는 복부 끝에 있는 독침을 찌르기 위해 몸을 움직입니다. 독침이 데스스토커 몸에 박혔습니다!

데스스토커 / **홍코너**

클라이맥스

독침으로 다가오면 독침으로 돌려준다

독침에 찔리고 나서 데스스토커는 화들짝 놀라 총알개미와 거리를 둡니다. 집게 다리를 총알개미에게 향하고 꼬리를 들고 흔들며 위협을 합니다. 총알개미는 추격하듯 거리를 좁힙니다.

총알개미를 향해서 데스스토커는 꼬리 쪽의 독침을 내리꽂았습니다. 총알개미는 데스스토커의 독침에 찔리고 마침내 승부가 났습니다.

필살기!

포이즌 니들 (독침)

총알개미는 단단한 몸을 갖고 있지만 데스스토커의 독침이 내리꽂혔습니다. 데스스토커의 승리입니다.

승자: 데스스토커

데스스토커가 승리했습니다. 자신보다 커다란 곤충도 잡아먹는 총알개미지만 이번에는 체격과 힘의 차이 때문에 패배했다고 할 수 있습니다.

2회전 ● 일곱 번째 시합   최강 위험 생물 결정 토너먼트

피 냄새를 맡고 밀려드는 식인 상어
백상아리
Great white shark

대결 상대
대왕고래

대형 백상아리는 몸길이가 8미터, 체중이 2톤이 넘습니다. '식인 상어'로 영화에 등장할 때도 많습니다. 이빨은 날카롭고 톱니처럼 뾰족뾰족한 모양을 하고 있습니다. 물속에서 피 냄새를 맡고 재빨리 다가오기 때문에 상처를 입고 피가 난 상태에서 백상아리가 있는 바다에서 사람이 수영을 하는 것은 위험합니다.

분류	연골어류 악상어목 악상어과 백상아리속
먹이	돌고래, 물개, 물고기, 바닷새
사는 곳	바다
특징	어류 중에서는 높은 지능을 가지고 있다
몸길이	5미터

분포 지역: 전 세계 열대와 온대 바다

STRONG POINT (강점)

몇 번이나 다시 생겨나는 날카롭고 뾰족뾰족한 이빨

백상아리의 체온은 주위 수온보다 10도 정도 높습니다. 체온이 높으면 근육이 활성화되어서 빨리 헤엄칠 수 있습니다. 최대 무기는 옆면이 뾰족뾰족한 형태로 되어 있는 날카로운 이빨입니다. 백상아리의 이빨은 여러 줄이 늘어서 있고 이빨이 빠진 자리에는 새로운 이빨이 몇 번이나 다시 자라납니다. 날카로운 이빨로 백상아리는 먹잇감을 물어뜯습니다. 한 번 물어뜯을 때 먹잇감에서 14킬로그램 정도의 살점을 뜯을 수 있다고 합니다.

| 청코너 | 백상아리 | 2회전 ● 일곱 번째 시합 |

1회전에서 '바다의 깡패'인 범고래에게 승리한 대왕고래. 이번에 상대할 적은 백상아리입니다. '식인상어'로 두려움의 대상인 백상아리가 대왕고래를 덮치는 일은 거의 없습니다. 그래서 현실에서는 볼 수 없는 꿈의 대결이 펼쳐지는 것입니다. 바다의 최강 포식자인 백상아리는 대왕고래를 물리칠 수 있을까요!?

배틀 시작

톱니 같은 이빨로 대왕고래의 살점을 물어뜯었다

백상아리가 등장했습니다. 짝 벌어진 입에서는 날카로운 이빨이 여러 개 보입니다. 대왕고래는 백상아리와 거리를 두면서 헤엄치고 있습니다. 백상아리가 대왕고래를 쫓아갑니다.

대왕고래가 도망치자 백상아리는 계속 쫓아갑니다. 백상아리의 날카로운 이빨이 대왕고래의 살점의 일부를 물어뜯어내고 그 상처에서 붉은 피가 물속으로 퍼져나갔습니다.

대왕고래 **홍코너**

클라이맥스

대왕고래의 반격이 시작됐다!

하지만 대왕고래는 결정적인 타격을 입지 않았습니다. 백상아리는 다시 한번 물어뜯으려고 속도를 올려 대왕고래를 쫓아갑니다. 대왕고래는 백상아리를 피하기 위해 방향 전환을 합니다.

필살기!

대왕고래는 방향 전환을 하면서 꼬리지느러미를 흔듭니다. 일직선으로 쫓아오던 백상아리는 대왕고래의 꼬리지느러미에 일격을 당하고 싸울 의지를 잃고 도망쳤습니다.

꼬리지느러미 공격

1회전에서 범고래와 전투를 벌일 때 공을 세웠던 꼬리지느러미의 일격으로 승부가 결정되었습니다.

승자

대왕고래

백상아리는 범고래에게 희생을 당하기도 합니다. 이미 1회전 일곱 번째 시합에서 범고래에게 승리한 대왕고래이기에 아무래도 백상아리에게 버거운 상대였던 것입니다.

085

2회전 ● 여덟 번째 시합 최강 위험 생물 결정 토너먼트

살아있는 공룡
화식조
Cassowary

대결 상대
검독수리

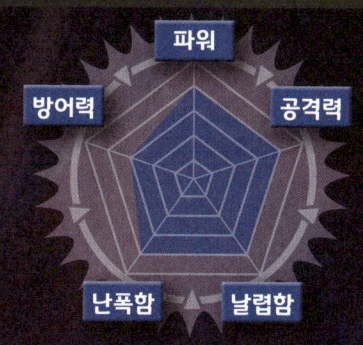

화식조는 공룡과 같은 발을 가지고 있어서 '살아 있는 공룡'이라는 말을 듣습니다. 매우 공격성 있는 성격으로 기네스북에 '세상에서 가장 위험한 새'라는 공인을 받았습니다. 사람에게 길들여지기 쉬운 면도 있어서 사람과 관련된 역사도 길지만 반대로 화식조가 주인을 공격해서 살해한 사건도 일어나고 있습니다.

분류	조류 화식조목 화식조과 화식조속
먹이	열매
사는 곳	숲
특징	조심성이 많지만 성질이 포악하다
몸길이	2미터

분포 지역 인도네시아, 파푸아뉴기니

STRONG POINT (강점)
날지 못하는 새라서 갖고 있는 다리 힘을 이용한 필살기 발차기

타조와 마찬가지로 화식조는 날지 못하는 새입니다. 그만큼 다리가 잘 발달되어 있습니다. 화식조는 그 다리 힘으로 시속 50킬로미터의 속도로 달릴 수 있습니다. 칼처럼 예리하고 커다란 발톱도 갖고 있기 때문에 발차기의 힘은 굉장히 강력합니다. 2미터 가까운 몸길이와 90킬로그램의 체중으로 조류 중에서는 타조 다음으로 커다랗습니다. 커다란 몸과 강력한 다리 힘이 합쳐진 부딪치기 기술도 화식조의 강력한 무기입니다.

청코너 화식조 2회전 ● 여덟 번째 시합

1회전에서 강적이었던 수리부엉이를 물리친 검독수리. 그런 검독수리와 싸우는 화식조는 날지 못하는 새입니다. 화식조는 날 수 없는 대신에 굉장히 강력한 다리가 있습니다. 그리고 성격이 포악하고 공격적이기 때문에 '세계에서 가장 위험한 새'라고 불립니다. 하늘에서는 적수가 없는 검독수리의 공격력은 육지에서 위험한 화식조에게도 통할 수 있을까요?

배틀 시작

드넓은 하늘을 나는 검독수리와 날지 못하는 화식조

초원에 화식조가 있습니다. 검독수리가 높은 하늘에서 화식조를 발견하고 단숨에 급강하합니다. 시속 300킬로미터가 넘는 속도로 검독수리가 화식조를 덮칩니다.

검독수리가 접근하는 걸 알아차린 화식조는 달려서 도망치는 방법을 선택하지 않았습니다. 하늘 위에 있는 검독수리를 향해서 땅바닥을 힘차게 차서 점프했습니다.

검독수리 **홍코너**

클라이 맥스

점프하면서 필살기인 발차기를 날린다!

강한 발을 가진 화식조는 약 2미터 높이까지 점프할 수 있습니다. 화식조는 뛰어오르면서 검독수리를 발로 세게 찼습니다. 화식조의 칼처럼 예리한 발톱이 검독수리를 덮칩니다.

검독수리는 도망치려고 하지만 타이밍을 놓칩니다. 화식조의 발톱이 검독수리의 날개를 쭉 찢어내고 살점을 뜯어냈습니다. 검독수리는 피를 흘리면서 땅바닥으로 추락했습니다.

필살기!

스크래치 발차기

강한 다리 힘과 세 개의 날카로운 발톱으로 날리는 화식조의 발차기는 아주 강력합니다.

승자

화식조

자유자재로 넓은 하늘을 나는 검독수리 쪽이 유리할 것이라고 생각되었지만 화식조가 점프해서 날린 발차기가 검독수리에게 정통으로 맞았습니다. 적을 단숨에 쓰러뜨린 화식조의 필살기입니다.

최강 위험 생물 결정 2회전 총평

2회전에서는 몸집이 커다란 생물과 작은 생물이 격돌합니다. 그 전투에서 알 수 있었던 것은 '몸집의 크기 = 강력한 무기'라는 자연계의 현실입니다.

몸집의 크기는 강력한 무기가 된다

　1회전에서 이기고 올라온 생물들과 새롭게 참전하는 생물들이 격돌하는 2회전입니다. 2회전에서는 소형 생물과 대형 생물의 싸움이 펼쳐졌습니다.
　말하자면 첫 번째 시합에서는 몸길이 90센티미터인 아프리카갈기호저와 몸길이 7.5미터의 아프리카코끼리가 싸우고, 네 번째 시합에서는 몸길이 60센티미터의 악어거북과 몸길이 4미터의 하마가 싸우는 것입니다.
　만화나 애니메이션, 영화 등 가상 세계에서는 몸집이 작은 영웅이 몸집이 커다란 악역을 쓰러뜨리는 통쾌한 장면이 그려질 때가 있습니다.
　하지만 자연계에서는 몸집의 크기는 강력한 무기입니다. 작은 생물이 커다란 생물을 쓰러뜨리기는 힘듭니다. 2회전에서도 많은 시합에서 커다란 생물이 승리했습니다. 그런 가운데 커다란 코모도왕도마뱀에게 승리한 몸집이 작은 라텔은 칭찬받을 만합니다.

사자의 공격을 막아내기도 한 아프리카갈기호저지만 거대한 아프리카코끼리에게는 상대가 되지 않았습니다.

대왕고래도 지구상에서 가장 커다란 몸을 활용해서 강력한 포식자인 백상아리에게 승리했습니다.

대결 상대인 악어거북은 위험한 무기를 갖고 있는 강적이었지만 하마는 두꺼운 피부를 활용해서 타격을 최소한으로 억제했습니다.

피부 특성을 활용해서 라텔이 승리했다

2회전부터 참전한 라텔이, 1회전에서 이기고 올라온 코모도왕도마뱀과 격돌합니다. 라텔은 코모도왕도마뱀보다 몸집이 3분의 1 이하에 불과하지만 자신의 강점을 충분히 활용해서 승리를 거두었습니다.

라텔은 두려움을 모르는 생물로 유명한데 그 이유는 피부에 있습니다. 피부가 두껍기 때문에 적의 송곳니나 발톱이 통과하기 어렵습니다. 더구나 피부가 신축성이 있어서 상대에게 공격을 당해도 몸을 비틀어서 반격할 수 있습니다. 이런 특성을 이용해서 라텔은 승리했습니다.

코모도왕도마뱀에게 등 뒤에서 물렸지만 라텔도 물어서 반격했습니다. 게다가 악취 가스를 분사해서 라텔이 승리했습니다.

총알개미와 데스스토커의 무기는 둘 다 독침입니다. 데스스토커가 독침을 총알개미에게 꽂아서 승부가 결정되었습니다.

총알개미의 승리도 예상되었지만……

총알개미와 데스스토커의 싸움도 소형 생물과 대형 생물의 대결입니다.

총알개미는 몸길이가 3센티미터 정도로 개미 중에서는 상당히 크지만 몸길이 10센티미터인 데스스토커에 비하면 아무래도 작습니다.

그런 총알개미지만 데스스토커에게 이길 것이라고 예상하는 사람도 있었을 것입니다. 총알개미가 단독으로 사냥을 하고 자신보다 커다란 먹잇감을 죽이기 때문에 데스스토커한테도 이기는 것이 아닐까 생각한 것입니다.

하지만 데스스토커가 몸집의 차이를 이용해서 총알개미한테 승리했습니다. 몸집의 차이라는 약점을 극복하는 것은 어렵습니다.

칼럼 ②

본경기에는 출전하지 않은 위험한 생물
~바다 편~

본경기에 등장하는 바다 생물은 크기와 힘을 모두 갖춘 정말로 바다의 왕자급의 생물이 많았습니다. 하지만 바다 안에는 작지만 엄청난 공격력을 가진 바다 생물이 많이 존재합니다.

얼룩무늬물범

한 번 물면 놓지 않는다!
바다 세계의 표범.

남극권에 서식하는 얼룩무늬물범은 얼음 위에서는 움직임이 둔하지만 물속에서는 펭귄을 재빠르게 사냥할 수 있을 정도로 속도를 올릴 수 있습니다. 턱이 굉장히 강하고 한 번 물면 놓치지 않을 정도의 끈기도 갖고 있기 때문에 먹잇감은 그대로 바다로 질질 끌려오게 됩니다.

고깔해파리

죽음에 이를 정도로 위험한 독을 가졌다!

고깔해파리는 '전기해파리'라고도 불립니다. 그 이름의 유래는 전기를 방출하기 때문이 아니라 고깔해파리의 독침에 쩔리면 마비되는 듯한 아픔에 휩싸인다는 것에서 왔습니다. 고깔해파리는 죽은 후에도 그 독이 남아 있습니다. 고깔해파리에게 쩔리면 죽음에 이를 수도 있으므로 조심할 필요가 있습니다.

곰치

턱이 두 개!?
몸을 숨기고 먹잇감을 기다리는 사냥꾼.

평소에는 돌 밑에 몸을 숨기고 있는 곰치는 먹잇감을 발견하면 날카로운 이빨을 드러내며 덮치는 난폭함이 있습니다. 날카로운 이빨을 지닌 턱 외에도 목구멍 안쪽에 또 하나의 턱이 있다는 점이 가장 큰 특징입니다. 이중 턱 덕분에 먹잇감을 단단히 물고 있을 수 있습니다.

노랑가오리

꼬리에 있는 독이 든 가시에 찔리면 빠져나가기 어렵다.

적이 가까이에 다가오면 꼬리에 붙어 있는 긴 가시로 찔러서 공격합니다. 가시에는 독선이 있고 더구나 갈고리가 붙어 있어서 한 번 찔리면 잘 빠지지 않습니다. 사람이 찔리면 구역질이나 경련 등의 증상이 나타나고 최악의 경우 죽음에 이르게 됩니다.

바다코끼리

추위로부터 몸을 지키는
두터운 지방층은 철벽 갑옷이다!

입가에서 아래쪽으로 길게 난 송곳니가 바다코끼리의 특징입니다. 송곳니의 길이가 1미터에 달하는 바다코끼리가 북극곰을 죽이는 경우도 있을 정도입니다. 그리고 추위로부터 몸을 지키기 위한 피부의 두께가 10센티미터나 됩니다. 피부 아래에는 2센티미터의 지방층이 있기 때문에 다른 동물의 날카로운 발톱이나 송곳니 공격도 막아낼 수 있습니다.

시범 경기
팀전

청코너
아프리카들개

제1시합
VS
P.096~099

홍코너
회색늑대

시범 경기에서는 평소에 무리를 지어 행동하는 생물끼리의 싸움이 펼쳐집니다. 1 대 1 싸움이라면 압도적인 강함을 자랑하는 생물이라고 해도, 팀전이 되면 각자의 힘뿐만 아니라 팀워크나 전략 등도 시험을 받게 됩니다.

청코너
시범 경기 팀전 세 번의 승부

아프리카 최강 사냥꾼
아프리카들개
African wild dog

개과의 육식동물인 아프리카들개는 아프리카 최강 사냥꾼이라고 불리기도 합니다. 사냥 성공률은 70~80%로 사자와 치타보다 훨씬 사냥을 잘합니다. 그 비밀은 팀플레이에 있습니다. 무리 지어 끈질기게 먹잇감을 쫓아가서 상대가 지쳤을 때 덮치는 것입니다.

분류	포유류 식육목 개과 리카온속
먹이	임팔라, 누 등
사는 곳	사바나
특징	무리의 리더는 암컷
몸길이	1.2미터

분포 지역 아프리카

파워 / 방어력 / 공격력 / 난폭함 / 날렵함

| 시범 경기 ● 첫 번째 시합 | 홍코너 |

고급 사냥 기술 보유 동물
회색늑대
Gray wolf

파워
방어력 ・ 공격력
난폭함 ・ 날렵함

개과 중에서 가장 큰 생물입니다. 아주 영리하고 무리를 지어 고급 사냥 기술로 먹잇감을 잡습니다. 먹잇감을 추적할 때는 맨 앞에서 달리는 멤버가 릴레이 방식으로 교체됩니다. 마침내 먹잇감이 지쳤을 때 따라가서 숨통을 끊어놓습니다. 먹잇감의 무리를 혼란시켜서 표적이 무리에서 떨어졌을 때 사냥하는 기술도 갖고 있습니다.

분 류	포유류 식육목과 개과 개속
먹 이	들소, 말코손바닥사슴, 양 등
사는 곳	숲
특 징	2.4킬로미터 떨어진 곳에 있는 먹잇감의 체취도 맡는다
몸길이	1.6미터

분포 지역: 유라시아대륙, 북미대륙

| 청코너 | 아프리카들개 | 시범 경기 ● 첫 번째 시합 |

아프리카들개와 회색늑대는 둘 다 개과의 동물로 무리를 지어 사냥하는 특기가 공통점입니다. 몸집은 회색늑대 쪽이 커서 아프리카들개와 1 대 1로 싸우면 회색늑대가 유리할 것입니다. 하지만 이번에는 무리끼리의 싸움입니다. 무리를 지어 사자까지 물리치는 아프리카들개와 무리 지어 고급 기술을 구사하는 회색늑대. 어느 쪽이 승리해도 이상할 것이 없습니다!

배틀 시작

아프리카들개 무리가 추적을 시작했다

회색늑대 무리가 리더인 수컷을 선두로 이동하고 있습니다. 아프리카들개 무리가 등 뒤에서 회색늑대 무리를 쫓아가기 시작했습니다. 아프리카들개는 바람이 부는 반대 방향으로 쫓아가고 있어서 회색늑대는 눈치채지 못하고 있습니다.

아프리카들개가 단숨에 속도를 올려서 회색늑대에게 가까이 다가갔습니다. 회색늑대는 뒤쫓아 오는 것을 눈치채고 속도를 올렸습니다. 달리는 속도는 회색늑대 쪽이 더 빠릅니다.

회색늑대 **홍코너**

클라이맥스

뒤처진 회색늑대 한 마리가 표적이 되었다……

하지만 아프리카들개 무리는 포기하지 않습니다. 끈질기게 계속 쫓아가자 회색늑대 무리 중에서 한 마리가 조금씩 뒤처지기 시작했습니다. 어딘가 다쳐서 속도를 내지 못하게 된 것인지도 모릅니다.

아프리카들개는 뒤처진 회색늑대 한 마리만 목표로 삼았습니다. 다른 회색늑대들은 그 한 마리를 내버려 두고 도망쳐버렸습니다…….

필살기!

지옥의 집중 공격

무리에서 떨어진 약한 회색늑대 한 마리를 집중적으로 노려서 아프리카들개 무리가 승리했습니다.

승자 **아프리카들개**

한 마리 한 마리의 전투 능력은 회색늑대 쪽이 아프리카들개보다 훨씬 뛰어납니다. 아프리카들개는 약해서 뒤처진 회색늑대 한 마리를 목표로 삼았고 멋지게 승리했습니다. 무리 지어 싸우는 작전이 성공했다고 할 수 있습니다.

청코너 — 시범 경기 팀전 세 번의 승부

뼈만 남긴 채 먹어치운다

피라니아
Piranha

남미 아마존 강에 서식하는 육식 물고기입니다. 피 냄새나 물소리에 반응해서 강을 건너는 동물 등을 덮칩니다. 특히 위험한 종류인 피라니아는 거대한 무리가 함께 행동합니다. 일단 무리 중에서 몇 마리가 먹잇감을 물어뜯고, 흐르는 피에 다른 피라니아 무리가 마구 몰려들어 단숨에 먹잇감을 먹어 치워버립니다.

레이더 차트: 파워, 공격력, 날렵함, 난폭함, 방어력

분류	어류 카라신목 세라살무스과
먹이	물고기, 포유류, 파충류, 조류
사는 곳	강
특징	칼처럼 날카로운 이빨을 갖고 있다
몸길이	20센티미터
분포 지역	남미대륙

시범 경기 ● 두 번째 시합 　 홍코너

강력한 전기 충격으로 상대를 쓰러뜨린다
전기뱀장어
Electric eel

파워
방어력
공격력
난폭함
날렵함

이름 그대로 몸 안에서 전기를 만들어낼 수 있습니다. 그 전기를 물속으로 흘려보내서 다른 생물을 마비시켜서 사냥을 하거나 자신의 몸을 지키거나 합니다. 약 800볼트의 전압으로 물에 들어간 사람이나 말을 쓰러뜨릴 정도의 힘이 있습니다. 뱀장어와 전기뱀장어는 완전히 다른 종류의 물고기입니다.

분류	어류 김노투스목 김노투스과 전기뱀장어속
먹이	물고기
사는 곳	강
특징	공기 호흡도 가능해서 산소가 부족한 물에서도 잘 지낸다
몸길이	2.5미터

분포 지역 　 남미대륙

청코너 — 피라니아 시범 경기 ● 두 번째 시합

아마존 강은 유역 면적이 세계 1위입니다. 아마존 강에 서식하는 피라니아와 전기뱀장어는 둘 다 위험한 물고기로 유명합니다. 거대한 피라니아 무리는 날카로운 이빨로 자신보다 커다란 먹잇감도 우르르 몰려가서 먹어치웁니다. 악어 등 대형 육식동물을 전기 충격으로 쓰러뜨리는 전기뱀장어. 강력한 필살기를 갖고 있는 피라니아와 전기뱀장어 무리가 서로 기술을 어떤 형태로 발휘할지 주목해 보세요.

피라니아는 혼자 있을 때는 겁이 많지만……

전기뱀장어들이 강 밑에서 가만히 있습니다. 피라니아 한 마리가 전기뱀장어의 기척을 느꼈지만 다가가지 않습니다. 피라니아는 혼자 있을 때는 소심해서 자기보다 커다란 상대를 공격하지 않습니다.

배틀 시작

하지만 혼자 있는 피라니아 주위에 동료 피라니아가 자꾸자꾸 모여들어서 커다란 무리를 이루게 되었습니다. 커다란 무리 중에 몇 마리가 전기뱀장어 한 마리를 공격했습니다!

| 전기뱀장어 | 홍코너 |

클라이맥스
전기 충격에 감전되어 꼼짝도 하지 못하게 된다

피라니아 몇 마리가 날카로운 이빨로 전기뱀장어의 살점을 물어뜯었습니다. 흘러나온 피 냄새에 다른 피라니아들이 흥분해서 모여듭니다. 깜짝 놀란 전기뱀장어는 전기를 방출합니다. 다른 전기뱀장어들도 전기 충격 공격을 시작했습니다!

필살기!

번개 같은 전기 충격
전기뱀장어의 전기 충격 공격을 받은 상대는 감전되어 꼼짝도 하지 못하게 됩니다.

전기뱀장어의 강력한 전기 충격 때문에 전기뱀장어를 처음에 공격했던 피라니아 몇 마리가 움직이지 못하게 됩니다. 다른 피라니아들이 한꺼번에 우르르 도망쳤습니다.

승자

전기뱀장어
전기뱀장어의 필살기인 전기 충격 공격은 말이나 악어 같은 대형동물까지 쓰러뜨립니다. 피라니아는 무리 전체가 무섭게 돌변하기 전에 전기뱀장어의 공격을 받았기 때문에 특기를 발휘할 수 없었습니다.

청코너 　시범 경기　팀전 세 번의 승부

마주친 생물은 모두 먹잇감!
군대개미
Army ant

군대개미는 정글에서 가장 강한 곤충이라는 말을 듣기도 합니다. 다른 개미와 다르게 군대개미는 자신의 집을 짓지 않고, 자신의 이름대로 군대의 병사처럼 줄을 지어 행진하다가 만나는 생물을 덮쳐서 먹이로 삼습니다. 도마뱀이나 뱀 등 커다란 생물한테도 달려들어 턱으로 깨뭅니다. 꼬리의 독침도 강력한 무기입니다.

파워 / 방어력 / 공격력 / 난폭함 / 날렵함

분류	곤충류 벌목 개미과 군대개미속
먹이	곤충, 포유류, 파충류
사는 곳	숲
특징	병든 소나 말을 물어서 죽일 때도 있다
몸길이	2센티미터

분포 지역 남미대륙

시범 경기 ● 세 번째 시합 　　　홍코너

집단으로 적을 공격하는 살인 벌
장수말벌
Asian giant hornet

파워
방어력　　　공격력
난폭함　　　날렵함

장수말벌은 한국을 포함해서 동아시아에 서식하는 세계 최대, 세계 최강의 곤충입니다. 장수말벌의 강력한 무기는 턱과 복부 끝에 있는 독침입니다. 독이 굉장히 강할 뿐만 아니라 공격적인 성격이어서 사람을 쏘는 일이 있기 때문에 굉장히 위험합니다. 장수말벌은 단독으로 사냥을 하지만 집단 공격도 특기입니다.

분류	곤충류 벌목 말벌과 말벌속
먹이	수액, 곤충
사는 곳	숲
특징	여왕벌을 키우는 가을에는 특히 공격성이 높다
몸길이	5센티미터

분포 지역　동아시아

청코너 — 군대개미

시범 경기 ● 세 번째 시합

군대개미와 장수말벌은 대표적으로 위험한 곤충입니다. 남미의 정글에 서식하는 군대개미는 마주치는 생물을 모두 공격합니다. 아메리카표범도 군대개미를 발견하면 도망칠 정도입니다. 한편 동아시아에 서식하는 장수말벌은 성격이 포악하고 독침도 굉장히 독합니다. 대형 생물에게도 위험한 존재인 군대개미와 장수말벌이 격돌합니다!

배틀 시작

공중에서 장수말벌이 급강하해서 덮친다

군대개미가 커다란 무리를 지어 줄줄이 행진합니다. 먹잇감을 찾아 오로지 앞으로 나아가고 있습니다. 장수말벌 무리가 하늘을 날다가 그 모습을 발견합니다. 장수말벌이 급강하해서 군대개미를 덮칩니다.

땅바닥에 내려온 장수말벌들이 강력한 턱을 이용해서 군대개미를 닥치는 대로 깨뭅니다. 독침을 군대개미에게 쏘는 장수말벌도 있습니다.

장수말벌 | **홍코너**

클라이맥스

엄청난 수의 군대개미가 장수말벌에게 반격한다

처음에는 장수말벌이 우세했지만 공격을 받은 군대개미를 도와주기 위해 다른 군대개미 무리가 엄청나게 모여들기 시작했습니다. 군대개미의 행렬은 100미터 넘게 이어지는데 그 수는 자그마치 몇 백만 마리나 됩니다!

장수말벌보다 군대개미가 압도적으로 수가 많습니다. 장수말벌은 엄청난 수의 군대개미에게 포위되어 결국 패배하고 맙니다.

필살기!

군대개미 떼의 매서운 공격

집을 짓지 않는 군대개미는 몇 백만 마리가 무리를 지어 이동합니다. 그 수 때문에 공격도 매우 강력한 무기가 됩니다.

승자

군대개미

장수말벌도 천 마리 정도가 무리를 짓기도 하지만 군대개미가 압도적으로 수가 많았습니다. 군대개미의 엄청나게 많은 수가 집단 공격으로 이어졌습니다.

시범 경기 총평

토너먼트 2회전과 3회전 사이에 시범 경기가 펼쳐집니다. 주제는 집단끼리의 싸움입니다. 1 대 1 싸움과는 다른 전투를 되짚어봅시다.

집단끼리의 전투일 때 생물 본래의 힘이 나올까?

시범 경기에서는 토너먼트와는 다른 생물들이 대결했습니다. 토너먼트에서는 1 대 1 싸움이지만 시범 경기에서는 집단끼리의 전투가 펼쳐졌습니다.

1 대 1이라면 패배할 가능성이 높은 생물이라도 집단끼리의 전투라면 승리할지도 모릅니다. 실제로 자연계에서는 무리를 지어 사냥하는 것이 특기인 생물들이 많이 있습니다. 집단끼리의 전투일 때 본래의 힘을 발휘할 수 있는 생물도 있습니다.

이번 시범 경기에서도 1회전에 나오는 아프리카들개 대 회색늑대, 3회전에 나오는 군대개미 대 장수말벌의 대결은 1 대 1로 겨뤘다면 이길 거라고 추정되는 생물이 패배하는 결과가 나왔습니다. 집단일 때 강함을 마음껏 발휘할 수 있는 것이 이번 시범 경기였던 것입니다.

아프리카들개가 무리를 지어 하는 사냥의 특징은 끈질기게 상대를 쫓아간다는 것입니다. 상대가 약해진 틈에 공격하는 것입니다.

아프리카들개는 무리를 지어 사냥합니다. 사자나 치타를 능가하는 사냥의 명수로 '아프리카 최강 사냥꾼'으로 불립니다.

1 대 1이라면 아마도 회색늑대가 아프리카들개에게 압승을 거둘 것입니다. 하지만 무리끼리 싸움에서는 회색늑대가 패배하는 결과가 나왔습니다

전기뱀장어의 무시무시한 전기

세계에서 손꼽히는 커다란 강인 아마존 강에서 서식하는 피라니아와 전기뱀장어. 피라니아는 영화 등에도 등장할 정도로 그 잔인함이 유명합니다.

하지만 현지인들의 증언에 따르면 전기뱀장어가 훨씬 더 위험하다고 합니다.

조금만 신경 쓰면 사람이 피라니아에게 공격을 당하는 일은 별로 없을 것입니다. 하지만 전기뱀장어의 경우 무심코 물속에 들어갔다가 밟기라도 하면 전기 충격을 당해 아주 곤란한 일을 겪게 될 것입니다.

이번 전투에서도 전기뱀장어의 무시무시한 필살기를 볼 수 있었습니다.

전기뱀장어의 강력한 전기 충격을 받으면 근육이 수축되어 꼼짝도 할 수 없게 됩니다. 전기 충격을 받은 피라니아도 움직이지 못하게 됩니다.

상대를 수로 압도하고 집단으로 싸운다

군대개미 대 장수말벌이라는 조합은 1 대 1이라면 몸집이 크고 강력한 턱과 독침이라는 무기를 지닌 장수말벌이 승리할 것입니다.

하지만 군대개미는 그 이름대로 많은 수로 군대의 병사처럼 싸우기 때문에 더욱 위력적입니다. 이번에도 그 수로 압도적인 승리를 거두게 되었습니다.

군대개미가 서식하는 남미에서 장수말벌의 집을 군대개미가 먹어치우는 일이 벌어집니다. 이번 전투에서도 장수말벌은 군대개미에게 처참하게 패배하고 말았습니다.

군대개미는 마주친 생물을 모두 먹어치운다고 합니다. 사나운 장수말벌도 군대개미를 당해낼 수는 없습니다.

칼럼 ③

본경기에는 출전하지 않은 위험한 생물
~하늘 편~

커다랗고 엄청난 속도로 하늘을 나는 새나 훌륭한 부리를 지닌 새가 강할 것처럼 보이지만 작거나 보기에 아름답지만 강한 공격력을 가진 새도 있습니다.

피토휘

피토휘 한 마리가 갖고 있는 독은 청산가리의 2천 배!

세계에서 최초로 독을 갖고 있다는 사실이 확인된 새입니다. 산뜻한 색깔의 몸으로 독을 지닌 새라는 것이 다른 새들에게 알려져 있다고 합니다. 피부와 날개에 독이 있는데 경련이나 마비 등 신경에 해를 끼칩니다. 날개 한 쌍에 사람을 죽음에 이르게 만들 정도로 강력한 독이 들어 있습니다.

부채머리수리

엄청난 속도로 소리도 없이 나무 사이로 빠져나간다

맹금류 중에서 가장 커다란 크기를 자랑하는 부채머리수리. 날개를 펼치면 2미터 정도의 크기가 되는데 시속 80킬로미터의 속도로 숲속을 비행해서 먹잇감을 잡습니다. 13센티미터나 되는 발톱으로 움켜쥐는 힘은 150킬로그램을 넘어서 동물의 등골뼈를 간단히 부러뜨립니다.

뿔매

나무 위에서 숨어서 기다리는 모습은 마치 자객 같다

'숲의 자객' 이라고 불리는 뿔매는 조용히 나무 위에 숨어서 먹잇감을 기다리는 사냥 스타일을 갖고 있습니다. 토끼나 다람쥐뿐만 아니라 뱀이 희생양이 될 때도 있습니다. 독수리와 마찬가지로 커다란 크기를 자랑하는 뿔매는 숲에서 군림하는 왕이라는 말도 듣습니다.

매

빠르기는 세계 최고! 재빨리 날아가는 '매'

매는 비행 속도가 새 중에서 가장 빠르다고 이름이 높습니다. 먹잇감을 발견하면 날개를 접고 단숨에 급강하합니다. 먹잇감을 잡은 뒤에는 발로 차고, 발톱을 꽉 움켜쥐고 땅바닥에 자꾸 내리쳐서 서서히 기운이 빠지게 만드는 방법으로 사냥을 합니다.

두루미

알을 품고 있을 때는 특히 조심해야 한다!

두루미는 하얗고 아름다운 겉모습과 다르게 성질이 거친 면이 있습니다. 접근전을 펼칠 때는 긴 부리를 능숙하게 이용해서 상대의 눈을 공격합니다. 반복해서 도움닫기를 하는 점프 킥은 정통으로 맞으면 뼈가 부러질 정도로 위력적입니다.

최강 위험 생물 결정 토너먼트 3회전
~마주칠 일이 없는 두 생물의 대격돌!~

청코너 — 아프리카코끼리
홍코너 — 기린
제1시합 Vs P.114~115

청코너 — 흰코뿔소
홍코너 — 하마
제2시합 Vs P.116~117

운과 우연이 겹쳐서 여기까지 진출한 생물도 있지만 지금부터는 그렇지 않을 것입니다. 확실히 힘과 실력을 겸비한 선수들이 남은 3회전은 서식 환경이 완전히 다른 생물끼리 격돌하는 주목할 만한 토너먼트 경기입니다.

| 청코너 | 아프리카코끼리 | 3회전 ● 첫 번째 시합 |

사자와 아프리카갈기호저를 차례로 물리치고 올라온 아프리카코끼리. 큰곰과 호랑이를 잇달아 무찌르고 올라온 기린. 아프리카코끼리와 기린 둘 다 힘든 상대를 누르고 올라왔지만 굳이 비교하자면 기린 쪽이 좀 더 어려운 적을 상대했다고 할 수 있습니다. 2회전에서 강적 호랑이를 쓰러뜨린 기린의 예리한 발차기는 아프리카코끼리한테도 통할까요? 아니면 아프리카코끼리의 거대한 몸에 기린이 패배할까요?

배틀 개시

아프리카코끼리는 거구를 활용해서 몸통 돌진 공격을 한다!

아프리카코끼리와 기린이 사바나에서 마주쳤습니다. 아직 둘 사이의 거리가 떨어져 있어서 서로 전투태세를 갖추고 있지는 않습니다. 하지만 갑자기 아프리카코끼리가 달리기 시작했습니다.

아프리카코끼리가 그 거대한 몸으로 머리부터 밀고 들어와 기린의 몸에 부딪치려고 합니다. 기린이 피하려고 했을 때 땅바닥에 움푹 팬 곳에 다리가 걸려 넘어지고 맙니다.

기린 / **홍코너**

클라이맥스

기린은 넘어지고 결국 생명이……!

기린은 잠을 잘 때도 서 있을 때가 많습니다. 기린은 한번 넘어지면 뇌로 피를 보내는 혈액의 흐름이 이상해질 때가 있습니다. 넘어진 기린은 당황해서 일어나려고 하지만 그게 잘되지 않습니다.

땅바닥에서 허우적거리는 기린에게 다가와서 아프리카코끼리가 육중한 앞발로 걷어찹니다. 아프리카코끼리의 발차기에 기린은 패배하고 맙니다.

필살기!

승자

분노의 철퇴

기린의 발차기도 강하지만 넘어진 상태에서 기린은 발차기를 할 수 없습니다. 반대로 아프리카코끼리는 육중한 발차기가 걸작이었습니다.

아프리카코끼리

아프리카 사바나에서 사는 대형 초식동물의 대표적인 존재는 아프리카코끼리와 기린입니다. 기린은 이미지와 다르게 강한 공격력을 갖고 있지만 땅바닥에 넘어지면 그 힘을 발휘할 수 없게 됩니다.

청코너 — 흰코뿔소

3회전 ● 두 번째 시합

아프리카에서 흰코뿔소와 하마는 아프리카코끼리에 이은 중량급 동물입니다. 둘 다 두꺼운 피부로 몸을 보호하고 있습니다. 더구나 흰코뿔소는 뿔을 이용해서 돌진하고, 하마는 깨무는 힘이 강력하다는 무기를 갖고 있습니다. 높은 공격력과 방어력을 가진 흰코뿔소와 하마인 만큼 틀림없이 거구와 거구가 서로 부딪치는 격렬한 싸움이 펼쳐질 것입니다!

배틀 시작

흰코뿔소가 자기 영역에 들어오자 갑자기 하마는 엄청나게 화를 냈다

흰코뿔소가 강으로 들어와서 헤엄을 치고 있습니다. 흰코뿔소가 물속에 잠겨서 기분 좋게 헤엄치고 있는데 갑자기 근처 물속에서 하마가 떠올라 모습을 드러냈습니다.

이 강은 하마의 영역이었던 것입니다. 하마는 자기 영역이란 의식이 강해서 흰코뿔소가 헤엄을 치고 있는 모습에 몹시 화가 났습니다. 하마는 커다랗게 입을 벌리고 위협했습니다.

하마 홍코너

클라이맥스

물에서 벌어지는 싸움이라면 하마는 패배하지 않는다

흰코뿔소가 도망치지 않는 것을 보고 이번에는 하마가 돌진했습니다. 흰코뿔소도 뿔을 앞세우고 들이받으려고 합니다. 하지만 물속이라서 하마의 움직임이 훨씬 빠릅니다. 뿔을 피한 하마는 흰코뿔소를 깨물었습니다.

흰코뿔소의 피부는 굉장히 두껍기 때문에 커다란 상처를 입지는 않았지만 자꾸자꾸 깨무는 하마의 공격에 흰코뿔소는 싸울 마음을 접고 도망치기 시작했습니다. 하마의 승리입니다.

필살기!

무시무시한 깨물기

하마가 깨무는 힘은 강력해서 방어력이 높은 흰코뿔소도 싸울 마음이 사라졌습니다.

승자

하마

흰코뿔소와 하마의 승부에 대한 시합 전의 예상은 완전히 둘로 나뉘었습니다. 이번 싸움 장소는 하마에게 유리한 물속이라서 하마가 승리를 거둘 수 있었던 것입니다.

청코너 — 라텔

3회전 ● 세 번째 시합

라텔은 2회전부터 참전해서 자신보다 커다란 파충류 코모도왕도마뱀을 이기고 올라왔습니다. 한편 데스스토커는 토너먼트에서 이기고 올라온 유일한 절지동물(곤충, 거미류, 지네류 등)입니다. 체격적으로는 매우 불리하지만 데스스토커에게는 강력한 독이라는 무기가 있습니다. 두려움을 모르는 라텔을 데스스토커의 독으로 괴롭힐 수 있을까요!?

배틀 개시

데스스토커의 독침이 라텔을 습격한다!

건조한 사막을 라텔이 걸어가고 있습니다. 라텔은 열대 초원인 사바나나 사막에서 살고 있는데 사막에서는 경쟁자가 없기 때문에 최강 존재라는 말을 듣습니다.

라텔이 지나가는 바위 밑에서 데스스토커가 나타났습니다. 데스스토커는 독침이 달린 꼬리를 흔들며 라텔을 덮쳤습니다. 독침이 라텔의 몸을 찔렀습니다!

클라이맥스

데스스토커 vs 홍코너

데스스토커의 독은 아무런 피해를 주지 못했다

라텔은 독침에 찔렸지만 전혀 신경 쓰지 않았고 도리어 데스스토커를 깨물어서 반격했습니다. 라텔은 독에 내성이 있어서 평소에 독사나 전갈을 사냥감으로 삼아서 잡아먹습니다.

라텔의 무서움을 알고 있는 데스스토커는 공격당하기 전에 자신이 먼저 독침을 놓았지만 라텔의 거침없는 반격에 패배하고 말았습니다.

필살기!

황홀한 독에 대한 내성

라텔에게는 독이 듣지 않습니다! 독을 지닌 데스스토커도 라텔에게는 먹잇감밖에 되지 않습니다.

승자: 라텔

육식동물의 송곳니도 막을 수 있는 등 피부를 지녀서 높은 방어력을 자랑하는 라텔은 독이 듣지 않는 체질의 소유주이기도 합니다. 코브라도 죽일 수 있는 라텔이 데스스토커에게 이긴 것은 당연하다고 할 수 있습니다.

청코너 — 화식조

3회전 ● 네 번째 시합

대왕고래는 1회전에서는 범고래, 2회전에서는 백상아리에게 승리하고 올라왔습니다. 이제까지는 바다 생물과 싸웠지만 3회전에서는 화식조가 대진 상대가 되었습니다. 현실에서는 절대로 실현될 수 없는 전투로 이 책에서만 볼 수 있는 대결 카드입니다. '세상에서 가장 위험한 새'라고 불리는 화식조가 대왕고래와의 싸움에서도 강함을 보여줄 수 있을지 기대됩니다!

배틀 시작

화식조는 날카로운 발톱으로 지구에서 가장 강한 생물에 도전한다!

화식조가 바닷가를 걷고 있습니다. 그 순간 가까이에 있는 바다 표면이 크게 출렁거리고 바닷물이 바로 위로 솟구쳐 오릅니다. 대왕고래가 뿜어낸 바닷물입니다! 화식조는 과감하게 싸움에 뛰어들려고 합니다.

화식조가 바다를 향해서 달립니다. 화식조는 대왕고래가 있는 곳까지 점프해서 자랑거리인 발톱으로 대왕고래를 푹 찌르려고 생각했습니다.

대왕고래 홍코너

대왕고래에게 화식조의 공격은 통하지 않는다

대왕고래의 거대한 몸을 향해 화식조가 달려듭니다. 칼 같은 발톱으로 상대의 몸을 찢으려고 하지만 대왕고래가 꼬리지느러미를 흔들어서 커다란 물보라를 일으켰고 그 바람에 화식조는 멀리 튕겨져 나갔습니다.

클라이맥스

필살기!
무자비한 물보라

대왕고래가 근처에서 헤엄치기만 해도 엄청난 양의 물이 바닷가로 밀려들어 화식조는 싸울 마음을 접었습니다.

대왕고래가 육지 근처까지 헤엄치기만 해도 엄청나게 많은 양의 바닷물이 밀어닥칩니다. 커다란 상처를 입은 화식조는 싸울 의지를 잃고 도망쳐버렸습니다.

승자
대왕고래

화식조는 용감하게 달려들지만 발톱 공격은 대왕고래의 거대한 몸에 전혀 타격을 주지 못했습니다. 만약에 화식조가 날 수 있는 새라고 해도 전투 결과는 크게 달라지지 않을 것입니다. 대왕고래의 완벽한 승리입니다.

최강 위험 생물 결정 3회전 총평

1~2회전을 이기고 올라온 선수들이 겨룬 3회전이었습니다. 경쟁자끼리의 대결이나 현실에서는 벌어질 수 없는 전투 등이 펼쳐졌습니다.

색다른 조합의 배틀을 마음껏 즐겼다

3회전에서 벌어진 시합 네 개의 조합 중에서 같은 지역에 서식하는 생물끼리의 시합이 세 개, 현실에서는 실현 불가능한 조합의 시합이 한 개 열렸습니다.

같은 지역에 서식하는 생물끼리의 시합 세 개는 아프리카코끼리 대 기린, 흰코뿔소 대 하마, 라텔 대 데스스토커의 조합입니다. 현실에서는 실현 불가능한 생물끼리의 시합은 화식조 대 대왕고래의 조합입니다.

흰코뿔소 대 하마 등의 시합은 현실 세계에서도 벌어지는 대결이지만 그만큼 흥미진진한 경쟁자끼리의 싸움이기도 합니다.

한편 육지에 사는 화식조와 바다에 사는 대왕고래의 전투는 이 책에서만 볼 수 있는 싸움입니다.

그런 의미에서 색다른 조합의 배틀이 벌어졌던 것이 3회전이었다고 할 수 있습니다.

아프리카, 중동, 인도에 서식하는 라텔과 북아프리카, 중동, 유럽에 서식하는 데스스토커.

2회전에 이어서 3회전에서도 실력을 발휘한 라텔. 평소에 전갈을 잡아먹는 만큼 데스스토커에게 압승을 거두었습니다.

인도네시아, 파푸아뉴기니 등의 육지에서 서식하는 화식조와 전 세계 바다에서 서식하는 대왕고래.

약점이 드러난 기린은 패배했다

아프리카코끼리와 기린은 같은 아프리카 사바나에서 서식하는 동물 친구입니다.

아프리카코끼리에 비해 기린은 강자라는 이미지가 적을지도 모릅니다. 하지만 기린은 절대로 약한 존재가 아닙니다.

강가에서 물을 마시고 있는 아프리카코끼리를 기린이 쫓아버리는 모습이 목격될 때도 있습니다.

이번 대결에서는 한번 넘어지면 좀처럼 일어나지 못하는 약점이 드러난 기린이 패배하고 말았습니다. 그러나 기린이 넘어지지 않았다면 아프리카코끼리에게 승리했을지도 모릅니다.

아프리카코끼리가 몸으로 부딪쳐서 기린이 쓰러졌습니다. 기린이 넘어지면 좀처럼 일어나지 못한다는 약점을 아프리카코끼리가 공략해서 승리했습니다.

물에서 싸우게 된 하마는 유리한 상황이었다

아프리카코끼리와 기린과 마찬가지로 흰코뿔소와 하마도 아프리카에 서식하는 동물입니다. 더구나 아프리카코끼리와 기린보다 훨씬 많이 흰코뿔소와 하마가 싸우는 장면이 목격되고 있습니다.

말하자면 흰코뿔소와 하마는 경쟁관계에 있다고 할 수 있습니다.

흰코뿔소와 하마가 싸우는 경우에 흰코뿔소가 뿔을 이용해서 하마를 쫓아버릴 때도 있습니다.

하지만 이번 대결의 무대는 하마에게 유리한 물가이기도 해서 하마가 흰코뿔소를 자신의 영역에서 몰아내고 멋지게 승리했던 것입니다.

하마는 자기 영역에 대한 의식이 강하기 때문에 이번 싸움에서는 자신의 영역에 들어온 흰코뿔소를 집중 공격했습니다.

칼럼 ④

본경기에는 출전하지 않은 위험한 생물
~일본 편~

세상에는 다양한 특징을 지닌 위험한 생물이 살고 있습니다. 그런데 일본에는 어떤 위험 생물이 살고 있을까요? 매일 볼 수 있는 그 생물에게도 위험한 면이 숨어있습니다.

멧돼지

곰보다 포악!?
마주치면 바로 몸으로 부딪침!

몸집이 크지만 상상도 할 수 없을 만큼 민첩함을 갖고 있습니다. 10센티미터 정도나 되는 송곳니, 속도와 육중한 몸무게가 실린 부딪치기 공격을 제대로 받는다면 살아남기 힘들 것입니다. 1미터나 되는 장해물을 뛰어넘을 수 있는 점프력도 있어서 일본에서는 곰보다도 멧돼지 사고가 많이 일어납니다.

큰부리까마귀

사실은 머리가 좋고
전술적이며 육식 성향이 강하다.

큰부리까마귀는 언제 어디서나 볼 수 있습니다. 울음소리가 특이하고 쓰레기를 뒤지는 모습이 인상적인 큰부리까마귀는 사실은 머리가 좋아서 공격할 때는 집단으로 덮치는 특징을 갖고 있습니다. 봄부터 여름까지는 둥지 주위를 걸어가는 사람을 뒤에서 발로 차거나 발톱으로 할퀴는 공격을 할 때가 있습니다.

꽃사슴

당황했을 때 가장 강하다.

꽃사슴이 공원에서 과자를 받아먹는 귀여운 모습을 떠올리는 사람이 많을 것입니다. 하지만 꽃사슴 뿔의 위력은 엄청납니다. 위기에 빠졌을 때 힘차게 차는 뒷발 차기도 강력합니다. 당황했을 때 시속 70킬로미터 속도로 달리다가 부딪치기 공격을 할 때도 있고 의외로 사나움을 감추고 있습니다.

반시뱀

일본에서 사망 사고를 가장 많이 일으키는 흉악한 독사.

오키나와에서 서식하는 반시뱀은 독을 지닌 뱀으로 사람들을 공포에 떨게 만듭니다. 독의 양이 많아서 일본에서 반시뱀에 물려서 사망하는 사고가 끊이지 않고 일어납니다. 피트 기관이라는 열을 탐지하는 적외선 센서를 갖고 있어서 밤에도 먹잇감을 찾을 수 있습니다. 먹잇감을 발견하면 바로 덤벼드는 흉악함을 갖고 있습니다.

왕지네

생명력이 강한 일본에서 가장 큰 왕지네

턱에 강한 독선이 있고 그곳에서 나오는 독은 혈액을 녹이는 힘이 있습니다. 쥐나 박쥐를 죽일 정도로 강력한 독으로 사람이 물리는 경우 격렬한 통증에 휩싸이게 됩니다. 병원에 가서 치료를 꼭 받아야 합니다. 왕지네는 발이 빠르고 생명력이 강하기 때문에 시판하는 살충제로 죽이기는 어렵습니다.

준결승전
~결승전에는 누가 올라갈까!?~

청코너
아프리카코끼리

제1시합
VS
P.128~129

홍코너
하마

청코너

라텔

제2시합
Vs
P.130~131

홍코너

대왕고래

청코너	3위 결정전	홍코너
???	**Vs** P.132~133	???

압도적인 크기를 자랑하는 아프리카코끼리와 대왕고래, 작은 동물이라고 생각되지 않을 정도의 실력으로 커다란 동물을 물리치고 올라온 라텔, 공격력과 방어력을 갖춘 하마, 강자 넷이 준결승전을 시작했습니다. 강자 넷은 각각의 특징을 충분히 발휘할 수 있을까요?

127

청코너   아프리카코끼리   준결승전 ● 첫 번째 시합

준결승전 첫 번째 시합에서 아프리카코끼리와 하마가 대결합니다. 둘 다 아프리카 사바나에서 서식하는 거대한 동물입니다. 사바나 최고의 존재가 아프리카코끼리라는 것은 많은 사람들이 인정합니다. 그런데 과연 하마는 그 지위를 빼앗을 수 있을까요? 하마의 공격이 어디까지 아프리카코끼리에게 통할지 기대해 주세요!

배틀 시작

접근하는 아프리카코끼리에게 하마가 분노의 돌진을 한다!

아프리카코끼리가 사바나를 유유히 걸어가고 있습니다. 물을 마시러 연못을 향해 가고 있습니다. 그 연못에서 하마가 육지로 나와서 가까이 다가오는 아프리카코끼리를 위협했습니다.

하마는 입을 커다랗게 벌리고 '가까이 다가오면 물어버릴 테다!'라는 식으로 위협하지만 아프리카코끼리는 전혀 신경을 쓰지 않습니다. 화가 난 하마는 아프리카코끼리를 향해서 돌진했습니다!

| 하마 | 홍코너 |

클라이맥스

아프리카코끼리가 상아와 코로 하마를 쓰러뜨렸다!

아프리카코끼리가 커다란 목소리로 울부짖지만 하마는 멈추지 않고 엄청난 기세로 달려듭니다. 아프리카코끼리는 조금도 물러서지 않고 상아 두 개를 하마에게 들이대고 있습니다. 아프리카코끼리와 하마가 격렬하게 부딪쳤습니다!

하마의 돌진을 마주한 아프리카코끼리는 상아와 코를 이용해서 하마를 쓰러뜨렸습니다. 하마는 땅바닥에 내동댕이쳐지고, 그대로 도망치고 말았습니다.

필살기!

엄청난 코끼리 코의 위력

아프리카코끼리는 코를 이용해서 물건을 능숙하게 움직일 수 있습니다. 상아로 누르는 동작을 더해서 커다란 하마를 쓰러뜨렸습니다.

승자 아프리카코끼리

아프리카의 강이나 연못에서는 하마가 거대한 몸으로 많은 동물을 제압합니다. 하지만 아프리카코끼리에게는 당해낼 수 없습니다. 하마는 커다란 몸으로 부딪치는 싸움 방식을 취했지만 훨씬 몸집이 큰 아프리카코끼리 쪽이 좀 더 유리했습니다.

| 청코너 | 라텔 | | 준결승전 ● 두 번째 시합 |

이제까지 코모도왕도마뱀과 데스스토커를 물리치고 올라온 라텔이 준결승전에서 최강의 적을 만났습니다. '세상에서 가장 두려움을 모르는 동물'로 기네스북에서 인정을 받은 라텔이지만 대왕고래를 두려워할까요? 아니면 대왕고래를 향해 달려들까요……!?

배틀 시작

몸집 차이가 심한 대왕고래와 라텔이 마주쳤다……!

바다에 떠 있는 작은 섬에 라텔이 있습니다. 라텔이 걸어가는데 근처 바다 표면에 대왕고래가 떠 있는 모습이 보였습니다. 크기 차이가 심하게 나는 대왕고래와 라텔이 만났습니다!

대왕고래는 눈앞에 있는 라텔이 보이지 않는지 전혀 신경을 쓰지 않습니다. 한편 라텔은 적개심을 드러내며 대왕고래를 향해 달려들었습니다.

대왕고래 | **홍코너**

클라이맥스

대왕고래가 일으킨 거센 파도가 라텔을 삼켜버린다……!

육지 근처로 떠오른 대왕고래 등 위로 라텔이 점프해서 올라갔습니다. 그런데 라텔이 할퀴고 물어도 대왕고래는 전혀 반응이 없습니다. 어쩌면 라텔이 등 위에 타고 있는 것조차 알아차리지 못하는 것일지도 모릅니다.

필살기!

용솟음치는 파도가 빚는 물보라

대왕고래의 거대한 몸이 세차게 움직이자 파도가 라텔을 집어삼켰습니다.

대왕고래가 몸을 움직이자 라텔이 물속으로 떨어졌습니다. 대왕고래의 거대한 몸이 만드는 격렬한 파도를 맞고 라텔은 물에 빠졌습니다.

승자

대왕고래

'바다 표면에 떠오른 대왕고래를 공격하지만 실패했다'라는 3회전의 화식조와의 대결과 비슷한 전개가 된 이번 배틀. 육상의 생물이 대왕고래를 공격하기 위해서는 특별한 작전이 필요할지도 모릅니다……

| 청코너 | 라텔 | 3위 결정전 |

준결승전에서 지고 말았던 동물들이 3위 결정전을 합니다. 대결하는 동물은 아프리카코끼리에게 패배한 하마와 대왕고래에게 패배한 라텔입니다. 하마와 라텔 둘 다 준결승전에서 져서 굉장히 분하다고 느낄 것입니다. 그 분함에서 터져 나오는 분노가 서로 부딪치는 이 싸움은 틀림없이 더욱 격렬할 것입니다!

배틀 시작

라텔의 악취 가스가 하마의 얼굴을 직접 공격한다!

사바나의 강가에는 다양한 종류의 동물이 모여듭니다. 하지만 자기 영역 의식이 강한 동물이 다른 동물을 쫓아버리는 일이 있습니다. 하마도 물을 독점하려고 합니다.

하지만 그중에는 하마한테서 도망치지 않는 동물도 있습니다. 바로 라텔입니다. 두려움을 모르는 것으로 유명한 라텔은 하마에게 맞섭니다. 위협하는 하마를 향해 라텔이 악취 가스를 내뿜었습니다!

하마 | **홍코너**

클라이맥스

땅바닥에 나동그라진 라텔을 하마가 짓밟았다!

강렬한 악취에 하마는 엉겁결에 얼굴을 돌리고 라텔 곁에서 멀어지려고 합니다. 아주 좋은 기회가 찾아왔습니다. 라텔이 하마에게 덤벼들어 발톱으로 할퀴고 이빨로 물어뜯으면 맹공격을 펼칩니다.

하마는 몸을 크게 흔들어서 라텔을 뿌리칩니다. 땅바닥으로 굴러떨어진 라텔을 하마가 발로 짓밟습니다. 라텔은 전투 불능 상태가 됩니다. 라텔이 졌습니다.

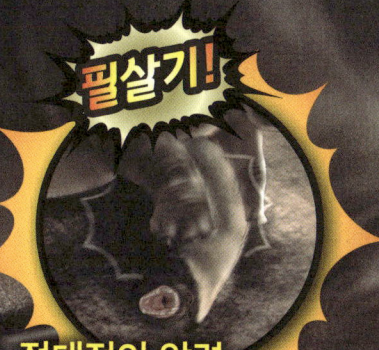

필살기!

절대적인 압력

라텔의 등 피부는 두꺼워서 송곳니 공격은 막아내지만 하마의 체중까지는 견뎌낼 수 없었습니다.

승자

하마

라텔은 상대가 자신보다 커다란 사자나 물소도 전혀 두려워하지 않고 맞섭니다. 하지만 하마와 벌인 전투에서는 압도적인 체격 차이가 원인으로 패배하게 되었습니다…….

최강 위험 생물 결정 준결승전 총평

격렬한 전투가 펼쳐진 이번 토너먼트도 드디어 끝이 났습니다. 격전에서 승리하고 올라온 네 종류의 생물이 준결승전과 3위 결정전을 벌였습니다!

커다란 쪽이 강하다는 것이 자연계의 철칙

이제까지 토너먼트에서 승리하고 올라온 네 종류의 생물들이 준결승전을 펼쳤습니다. 그 과정에서 '몸집이 커다란 쪽이 강하다'라는 단순한 자연계의 법칙으로 승부가 갈리는 전투를 볼 수 있었습니다.

첫 번째 아프리카코끼리와 하마의 시합은 하마가 박력 있는 돌진으로 공격했지만 몸집이 엄청나게 더 큰 아프리카코끼리가 막아냈습니다.

두 번째 라텔과 대왕고래의 시합은 라텔의 몸집이 너무 작아서 대왕고래가 대결 상대로 인식조차 하지 못했을지도 모릅니다.

결국 승리한 동물은 거대한 몸을 자랑하는 아프리카코끼리와 대왕고래였습니다. 결승전에서 아프리카코끼리와 대왕고래가 어떤 경기를 펼칠지, 결승전에서 대결하는 모습을 확실히 전해드리겠습니다.

하마를 쓰러뜨린 묘기는 아프리카코끼리가 아니면 불가능했을 것입니다. 아프리카코끼리의 힘과 요령이 있었기에 가능한 기술이었습니다.

준결승전까지 올라온 동물 중에서 가장 몸집이 작았던 라텔. 커다란 상대를 두려워하지 않았던 용감함을 칭찬해 주고 싶습니다.

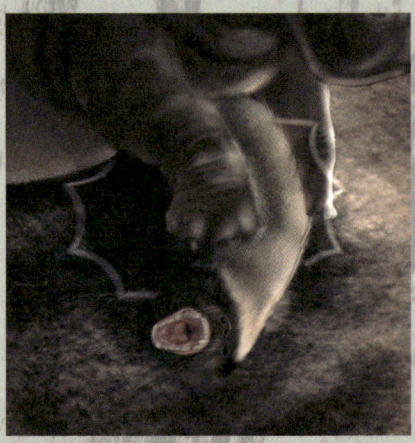

3위 결정전에서도 라텔은 두려움을 모르고 상대에게 맞섰지만 하마 발에 짓밟혀서 패배하고 말았습니다.

칼럼 ⑤

본경기에는 출전하지 않은 위험한 생물
~일상 편~

자주 볼 수 있는 생물에게 어떤 특징이 있는지 알고 있습니까? 쉽게 만질 수 있거나 쫓아버릴 수 있는 생물이 많이 있는 한편 사람에게 피해를 줄 위험성이 있는 생물도 존재합니다.

모기

**여름에 성가신 존재!
사실은 모기 때문에 죽는 사람이 많다!?**

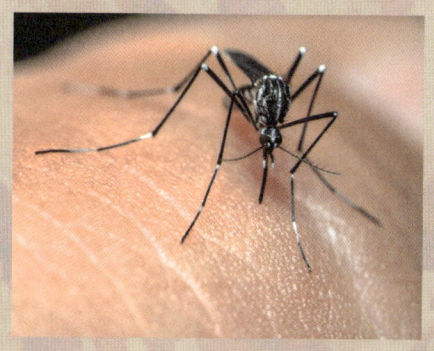

모기에게 물려서 빨갛게 부은 피부를 보면 여름이 찾아왔음을 느낍니다. 일상생활에서 매우 친숙한 모기지만 사실은 한 해 동안 가장 사람을 많이 죽이는 생물입니다. 모기에 물려서 감염되는 말라리아, 뎅기열, 일본뇌염 같은 질병은 많은 사람들을 죽게 만듭니다.

참진드기

**흡혈을 당하면
위험한 질병에 감염될까?**

흔히 이불이나 카펫 등에 서식하는 아주 작은 진드기와 다르게 육안으로 확인할 수 있는 것이 참진드기입니다. 사람뿐만이 아니라 개나 소 같은 동물도 물어서 피를 빨아먹는 것으로 알려져 있습니다. 피를 빨릴 때 통증은 없습니다. 하지만 죽음에 이를 위험이 있는 질병으로 악화될 때도 있습니다.

붉은불개미

물리면 아픕니다!
붉은불개미는 독침을 가지고 있다.

붉은불개미는 피부에 독침을 푹 찌릅니다. 물린 순간에는 엄청난 통증이 있고 가려움증과 부종이 생깁니다. 물린 부분뿐만 아니라 온몸이 가려울 때도 있고 증상이 심한 경우에는 숨쉬기가 괴롭고 어지럼증이 생겨나서 의식을 잃어버릴 때도 있습니다.

두꺼비

몸을 지키기 위한 독액은 실명시키는 위력이 있다.

길에서 종종 볼 수 있는 개구리를 관찰하고 갖고 노는 어린이도 많을 것입니다. 하지만 개구리와 달리 두꺼비는 귀 뒤에서 우유 같은 독액을 뿜어냅니다. 1미터 정도 날아가는 독액은 눈에 들어가면 실명할 위험이 있습니다. 독액이 묻은 손으로 얼굴을 만지면 눈이나 입이 아주 따가울 수 있으므로 조심할 필요가 있습니다.

붉은등과부거미

일본에서도 많이 목격!
해외에서 유입된 독거미.

외래종인 붉은등과부거미는 일본에서 많이 목격됩니다. 독을 가지고 있어서 붉은등과부거미에게 물리면 두통이나 불면증 등의 증상이 몇 주 동안 계속 이어지기도 합니다. 심한 경우 근육이 마비를 일으킬 수도 있기 때문에 물리면 바로 병원에 가서 치료를 받는 것을 추천합니다.

결승전
~대형 동물끼리의 아주 뜨거운 배틀~

청코너
아프리카코끼리

홍코너
대왕고래

남아야 할 생물이 남았다고 할 수 있는 아프리카코끼리와 대왕고래가 우승을 노리고 격돌합니다. 육상 생물 중에 최대급인 아프리카코끼리와 모든 생물 중에서 가장 커다랗다고 알려진 대왕고래. 마지막에 승리하고 최강 위험 생물왕의 칭호를 손에 넣을 수 있는 생물은 과연 어느 쪽일까요?

| 청코너 | 아프리카코끼리 | 결승전 |

마침내 아프리카코끼리와 대왕고래가 결승전을 시작합니다. 아프리카코끼리는 사자, 아프리카갈기호저, 기린, 하마에게 승리를 거두었습니다. 대왕고래는 범고래, 백상아리, 화식조, 라텔을 이기고 올라왔습니다. 이제까지 보여준 아프리카코끼리와 대왕고래의 다양한 기술이 화려하게 펼쳐지는, 모든 것을 결산하는 배틀을 기대해 주세요!

배틀 시작

바다를 헤엄치는 아프리카코끼리를 대왕고래가 습격한다

아프리카코끼리가 바다를 헤엄쳐서 이동하고 있습니다. 아프리카코끼리는 다리가 닿지 않는 깊이의 물속에서도 헤엄칠 수 있습니다. 바닷물은 민물보다도 부력을 얻을 수 있기 때문에 좀 더 잘 헤엄을 칠 수 있습니다.

열심히 네 발을 움직이는 아프리카코끼리의 밑에 대왕고래가 있었습니다. 대왕고래가 재빨리 물 위로 떠올랐습니다. 물이 크게 요동쳤습니다!

대왕고래 **홍코너**

클라이맥스

무자비한 연속 공격으로 승리를 움켜쥐었다

격렬하게 물이 요동치고 아프리카코끼리는 균형을 잃고 물에 빠질 뻔합니다. 아프리카코끼리는 바다 표면에서 허우적허우적 정신없이 버둥거립니다. 그 순간 대왕고래가 머리로 아프리카코끼리를 들이받습니다!

대왕고래의 부딪치기 공격으로 아프리카코끼리는 정신을 못 차리게 되었습니다. 대왕고래는 무자비하게 꼬리지느러미로 아프리카코끼리를 몹시 세게 칩니다. 아프리카코끼리는 아무 힘도 못 쓰고 패배하고 말았습니다!

필살기!

바다 악마의 분노

바다에서 갑자기 공격을 받아 아프리카코끼리는 공황 상태에 빠져버렸습니다.

승자

대왕고래

대왕고래는 깊은 바닷속에서 떠올라 기습 공격을 했습니다. 익숙하지 않은 바다에서 전투하게 된 아프리카코끼리는 대왕고래가 어디에 있는지도 제대로 알지도 못한 채 패배하고 말았습니다.

최강 위험 생물왕 결승전 총평

결승전은 이제까지보다 훨씬 격렬한 전투가 되었습니다. 압도적인 강함을 자랑하는 아프리카코끼리가 맥없이 무너지는 모습에 충격을 받은 독자도 많이 있을 것입니다.

전투하는 장소 때문에 승부가 결정되었다!?

　결승전까지 승리하고 올라온 생물은 아프리카코끼리와 대왕고래였습니다.
　아프리카코끼리는 육상에서 서식하는 생물 중에서 가장 큽니다. 한편 대왕고래는 지구상 생물 중에서 가장 큽니다.
　이제까지 벌어진 토너먼트 싸움에서 '몸집이 커다란 쪽이 이긴다'라는 전개가 많이 있었습니다. 이번에도 그 철칙이 맞았지만 그것 이상으로 전투하는 장소가 승부에 커다란 영향을 주었습니다.
　아프리카코끼리는 바다를 건너고 있을 때 대왕고래에게 습격을 당했습니다. 아프리카코끼리도 헤엄을 칠 줄은 알지만 아무래도 바다에서 싸우는 것은 해양생물인 대왕고래를 당해낼 수 없을 것입니다. 아프리카코끼리는 자신의 실력을 발휘할 수 있는 기회를 전혀 잡지 못한 채 참패하고 말았습니다.
　만약에 육상에서 전투를 할 수 있었다면 결과는 달라졌을 것입니다······.

아프리카코끼리는 헤엄칠 줄은 알지만 바다에서 대왕고래에게 갑자기 기습을 당했던 것은 너무 불리했습니다.

대왕고래의 강력한 부딪치기 공격과 꼬리지느러미 타격 등을 연속으로 받은 아프리카코끼리는 커다란 타격을 입었습니다.

많은 대결 상대를 거대한 몸으로 제압했던 아프리카코끼리였지만 더 커다란 상대인 대왕고래에게는 실력을 발휘하지 못한 채 패배했습니다.

우승
대왕고래

우승자는 대왕고래 입니다!
You are the champion!

총평

격전이었던 토너먼트를 거쳐 우승한 것은 지구상에서 가장 커다란 생물인 대왕고래입니다! 하지만 이 결과는 어디까지나 이번 토너먼트에서만 해당된다고 생각하는 편이 좋을 것입니다. 그리고 대결 상황이 대왕고래에게 불리한 경우에는 결과가 달라질지도 모릅니다. 기회가 또 있다면 다른 전개의 싸움을 보고 싶습니다.

등장하는 생물 이름 목록

이번에 위험 생물 최강왕 결정전에 출전한 생물과 본경기에는 빠졌지만 이 책에서 소개한 생물 총 55 종류의 간단한 데이터를 정리해두었습니다. 세상에는 이 책에 등장하는 생물 이외에도 위험한 생물이 많이 존재하고 있습니다.

노랑가오리

- 무기: 갈고리가 있는 독침
- 몸길이: 1.5미터
- 서식처: 서일본, 서태평양

아나콘다

- 무기: 강력한 조임
- 몸길이: 5미터
- 서식처: 남미 아마존 강 유역

아프리카코끼리

- 무기: 육상 생물 최대급의 크기
- 몸길이: 7미터
- 서식처: 아프리카

아프리카갈기호저

- 무기: 두껍고 날카로운 체모
- 몸길이: 0.9미터
- 서식처: 아프리카

아메리카들소

- 무기: 박치기, 점프력
- 몸길이: 4미터
- 서식처: 북미

검독수리

- 무기: 비행 속도, 발톱으로 쥐는 힘
- 몸길이: 2.1미터(날개 펼친 길이)
- 서식처: 북미, 유라시아 대륙, 아프리카 북부

멧돼지

무기	날렵함, 송곳니
몸길이	1.7미터
서식처	동아시아

바다악어

무기	이빨, 턱의 힘
몸길이	5미터
서식처	인도, 호주

곰치

무기	이중 턱
몸길이	1미터
서식처	동아시아

부채머리수리

무기	발톱, 조임
몸길이	2미터(날개 펼친 길이)
서식처	중남미

장수말벌

무기	독침
몸길이	5센티미터
서식처	동아시아

두꺼비

무기	독액
몸길이	13센티미터
서식처	태평양 팔로우 남서 제도, 중남미, 호주 동부

왕지네

무기	독이 있는 턱
몸길이	40센티미터
서식처	인도, 동남아시아

데스스토커

무기	독이 든 두꺼운 꼬리
몸길이	10센티미터
서식처	중동, 유럽

모기

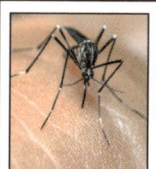

무기	감염력
몸길이	5.5밀리미터
서식처	전 세계

고깔해파리

무기	독침
몸길이	10~50미터
서식처	태평양, 대서양, 인도양

하마

- 무기: 커다란 입, 송곳니
- 몸길이: 4미터
- 서식처: 아프리카

기린

- 무기: 긴 목, 발차기 힘
- 몸길이: 5.5미터
- 서식처: 아프리카

킹코브라

- 무기: 독
- 몸길이: 4미터
- 서식처: 인도, 동남아시아

뿔매

- 무기: 비행 능력
- 몸길이: 1.5미터(날개 펼친 길이)
- 서식처: 유라시아 대륙 남동부, 인도네시아, 스리랑카, 대만, 일본

군대개미

- 무기: 팀워크, 턱
- 몸길이: 2센티미터
- 서식처: 남미 대륙

코모도왕도마뱀

- 무기: 발톱, 독이 있는 이빨
- 몸길이: 3.5미터
- 서식처: 인도네시아

아메리카표범

- 무기: 송곳니, 앞발
- 몸길이: 1.9미터
- 서식처: 중남미

범고래

- 무기: 몸 부딪치기
- 몸길이: 10미터
- 서식처: 전 세계

흰코뿔소

- 무기: 뿔, 딱딱한 피부
- 몸길이: 4.2미터
- 서식처: 아프리카

대왕고래

- 무기: 거대함, 꼬리
- 몸길이: 30미터
- 서식처: 전 세계

스컹크

- 무기: 악취액
- 몸길이: 0.7미터
- 서식처: 북미 대륙에서 남미 대륙

피토휘

- 무기: 독
- 몸길이: 23센티미터
- 서식처: 인도네시아, 파푸아 뉴기니

붉은등과부거미

- 무기: 신경독
- 몸길이: 10밀리미터
- 서식처: 호주, 일본

바다코끼리

- 무기: 긴 송곳니
- 몸길이: 3.5미터
- 서식처: 유라시아 대륙 북부, 캐나다 동부, 북극해

두루미

- 무기: 점프 킥
- 몸길이: 1.6미터
- 서식처: 한국 북부, 중국, 북한, 러시아 남동부, 일본 홋카이도 동부

전기뱀장어

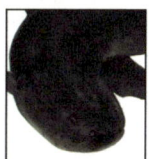

- 무기: 800볼트 전압
- 몸길이: 2.5미터
- 서식처: 남미 대륙

왕지네

- 무기: 독이 있는 턱
- 몸길이: 20센티미터
- 서식처: 동아시아

호랑이

- 무기: 발톱, 송곳니, 점프력
- 몸길이: 3.7미터
- 서식처: 인도, 동아시아, 러시아

꽃사슴

- 무기: 뿔, 발차기
- 몸길이: 1.7미터
- 서식처: 일본

회색늑대

- 무기: 송곳니, 다리 힘
- 몸길이: 1.6미터
- 서식처: 유라시아 대륙, 북미 대륙

큰부리까마귀

- 무기: 발톱, 발차기, 두뇌
- 몸길이: 1미터(날개 펼친 길이)
- 서식처: 일본

반시뱀

- 무기: 독, 적을 찾아내는 능력
- 몸길이: 2.5미터
- 서식처: 일본 오키나와

매

- 무기: 비행 능력
- 몸길이: 1.2미터(날개 펼친 길이)
- 서식처: 남극대륙을 제외한 모든 곳

총알개미

- 무기: 깨무는 힘, 독
- 몸길이: 3센티미터
- 서식처: 중남미

붉은불개미

- 무기: 독침
- 몸길이: 6밀리미터
- 서식처: 미국, 호주, 대만, 중국

화식조

- 무기: 발차기
- 몸길이: 2미터
- 서식처: 인도네시아, 파푸아뉴기니

큰곰

- 무기: 송곳니, 발톱
- 몸길이: 2.5미터
- 서식처: 일본 홋카이도, 유라시아 대륙, 북미 대륙

얼룩무늬물범

- 무기: 커다란 입, 헤엄치기
- 몸길이: 3.4미터
- 서식처: 남극대륙

피라니아

- 무기: 이빨
- 몸길이: 20센티미터
- 서식처: 남미

점박이하이에나

- 무기: 송곳니
- 몸길이: 1.7미터
- 서식처: 아프리카

백상아리

- 무기: 이빨, 점프력
- 몸길이: 5미터
- 서식처: 전 세계 열대와 온대 바다

북극곰

- 무기: 송곳니, 펀치력
- 몸길이: 2.5미터
- 서식처: 북극해

마운틴고릴라

- 무기: 송곳니, 가슴 치기
- 몸길이: 1.8미터
- 서식처: 아프리카

참진드기

- 무기: 뾰족한 입, 감염력
- 몸길이: 3밀리미터
- 서식처: 러시아에서 동남아시아에 걸친 지역

라텔

- 무기: 두꺼운 피부, 독 내성
- 몸길이: 0.8미터
- 서식처: 아프리카, 중동, 중앙아시아

사자

- 무기: 송곳니, 발톱
- 몸길이: 2.7미터
- 서식처: 아프리카, 인도

아프리카들개

- 무기: 송곳니, 두뇌
- 몸길이: 1.2미터
- 서식처: 아프리카

수리부엉이

- 무기: 갈고리 모양의 부리, 발톱
- 몸길이: 1.8미터(날개 펼친 길이)
- 서식처: 유라시아 대륙

악어거북

- 무기: 턱, 발톱
- 몸길이: 0.6미터
- 서식처: 미국

감수자

이마이즈미 다다아키 (今泉 忠明)

1944년에 도쿄에서 태어났습니다. 포유류 동물학자입니다. 도쿄 수산대학(현 도쿄해양대학)을 졸업하고 국립 과학박물관에서 포유류의 분류학과 생태학을 공부했습니다. 문부성(현 문부과학성) 국제 생물학 사업 계획(IBP) 조사, 환경청(현 환경성) 이리오모테삵의 생태 연구 등에 참가했습니다. 우에노 동물원 동물 해설원을 거쳐 시즈오카현의 '고양이 박물관' 관장을 맡고 있습니다. 지은 책으로는 『혹시?』 도감 - 사람과 가까이에 있는 위험 생물 대응 매뉴얼』(실업지일본사), 『보금자리 대연구』(PHP 연구소) 등이 있습니다.

옮긴이

안소현

중앙대학교 일본어학과를 졸업한 뒤 일본어 전문 번역가로 일하고 있습니다. 좋은 책을 아름다운 우리말로 바르게 번역하고 싶은 꿈이 있습니다. 옮긴 책으로는 『과알못'도 빠져드는 3시간 생물』, 『과알못'도 빠져드는 3시간 과학』, 『반짝반짝 빛나는 소녀 컬렉션』, 『다른 그림 찾기 놀이북』, 『검은 고양이 카페 : 손님은 고양이입니다』, 『오늘은 고양이처럼 살아봅시다』, 『굿바이 마이 러브』, 『언젠가 함께 파리에 가자』, 『아카시아』, 『샤라쿠 살인사건』, 『인간 실격』, 『조금 특이한 아이, 있습니다』, 『사랑한다는 것』 등이 있습니다.

초위험 생물 최강 배틀 대도감

2023년 2월 1일 초판 1쇄 펴냄

펴낸곳 | 꿈소담이
펴낸이 | 이준하
감수 | 이마이즈미 타다아키
옮긴이 | 안소현
편집·수정 | 오민규

주소 | (우)02880 서울특별시 성북구 성북로5길 12 소담빌딩 302호
전화 | 747-8970
팩스 | 747-3238
등록번호 | 제6-473호(2002. 9. 3)

홈페이지 | www.dreamsodam.co.kr
북 카 페 | cafe.naver.com/sodambooks
전자우편 | isodam@dreamsodam.co.kr

ISBN 979-11-91134-30-8 73810

- 책 가격은 뒤표지에 있습니다.
- 꿈소담이의 좋은 책들은 어린이와 세상을 잇는 든든한 다리입니다.
- 잘못된 책은 구입하신 곳에서 교환해 드립니다.

CHO KIKEN SEIBUTSU SAIKYO BATTLE DAIZUKAN
Copyright © 2022 by Tadaaki Imaizumi
Original Japanese edition published by Takarajimasha,Inc.
Korean translation rights arranged with Takarajimasha,Inc.
through Danny Hong Agency.
Korean translation rights © 2023 by KKumsodami

이 책의 한국어판 저작권은 대니홍 에이전시를 통한 저작권사와의 독점 계약으로 (주)꿈소담이 출판사에 있습니다. 저작권법에 의해 한국 내에서 보호를 받는 저작물이므로 무단전재와 복제를 금합니다.

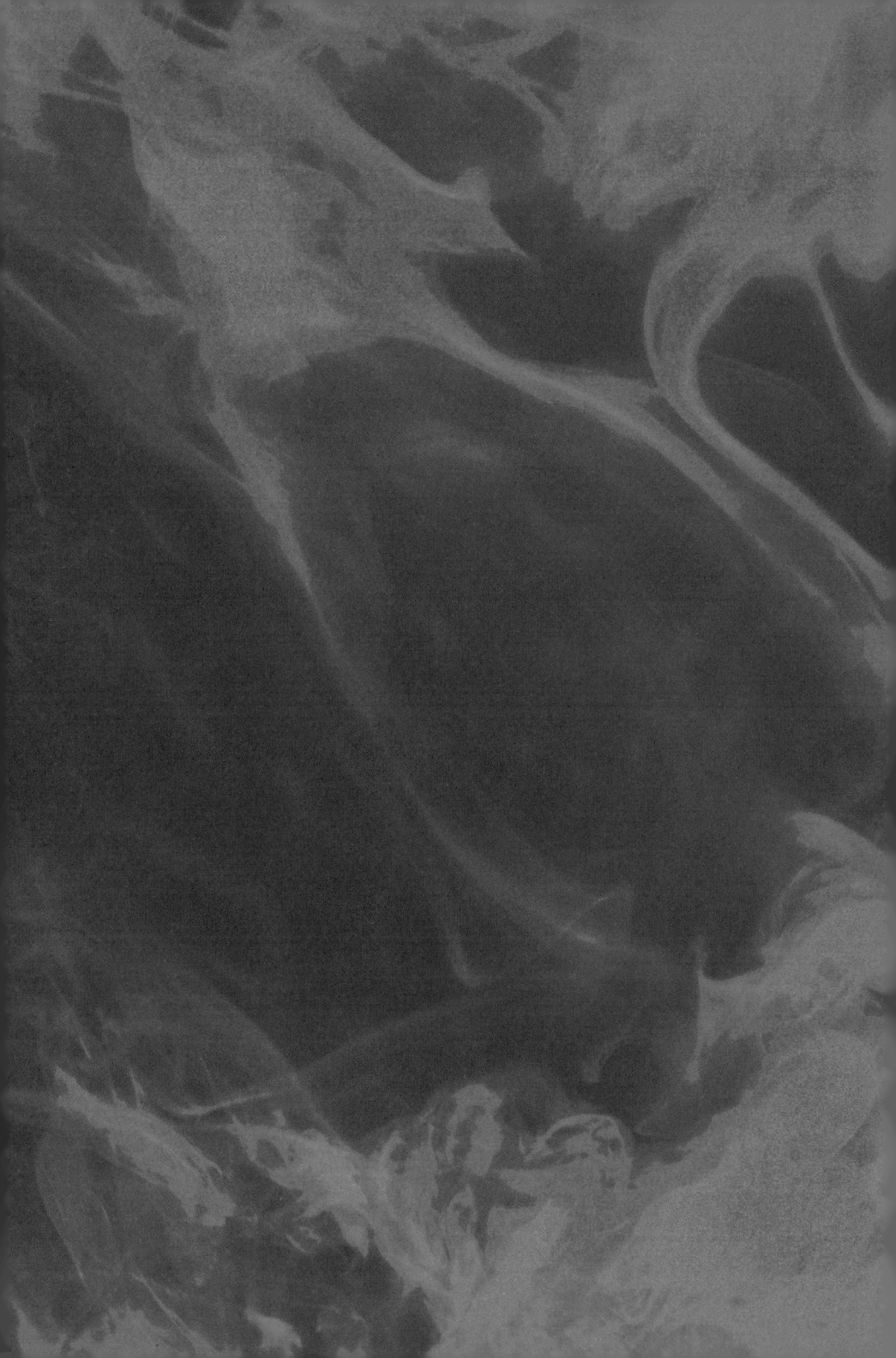

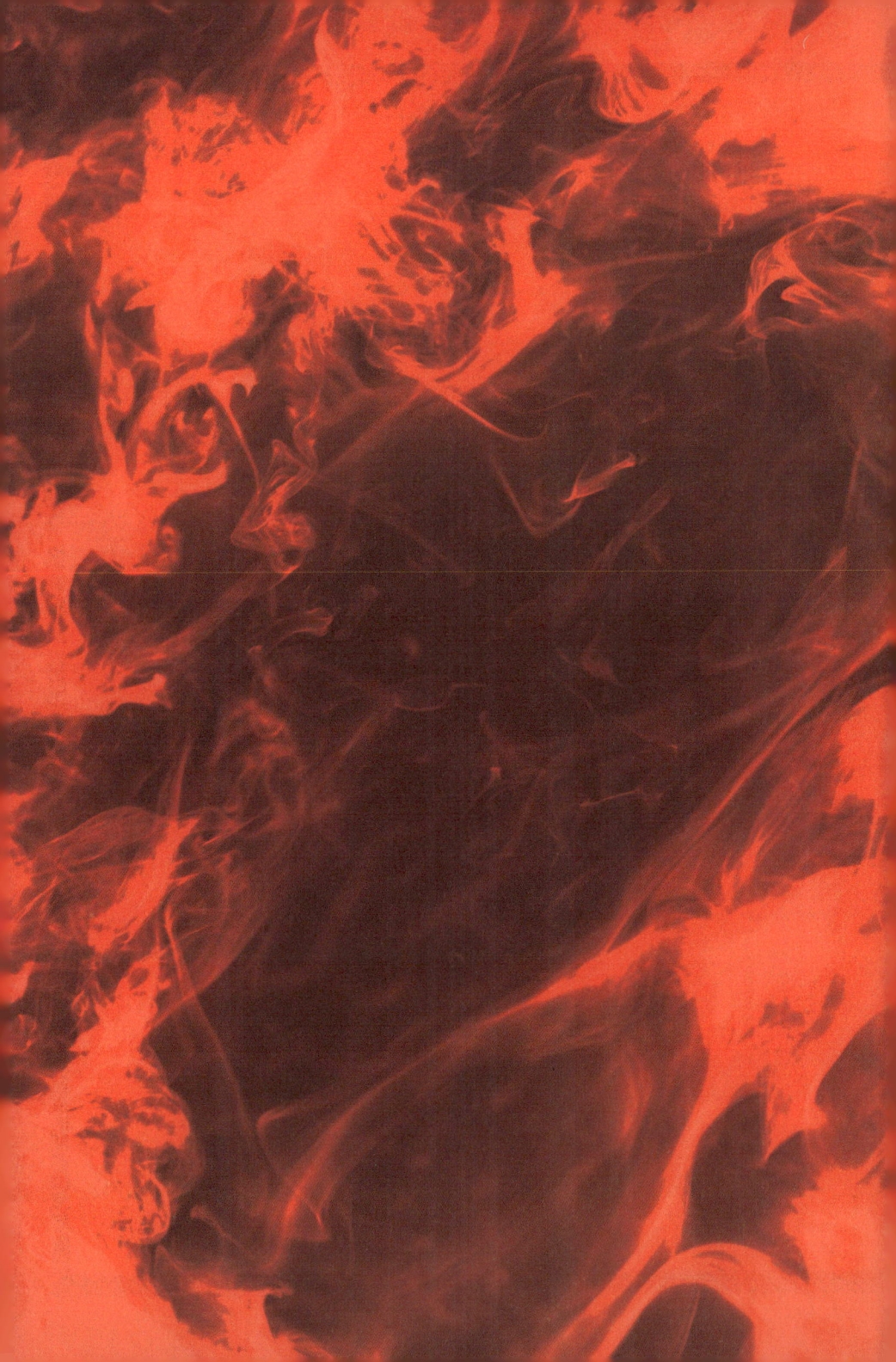